나혼자 끝내는
중국어
단어장

나혼자 끝내는 중국어 단어장

지은이 김로운
펴낸이 임상진
펴낸곳 (주)넥서스

초판 1쇄 발행 2017년 5월 1일
초판 7쇄 발행 2023년 5월 1일

출판신고 1992년 4월 3일 제311-2002-2호
주소 10880 경기도 파주시 지목로 5
전화 (02)330-5500 팩스 (02)330-5555
ISBN 978-89-98454-23-4 13720

www.nexusbook.com

나혼자 끝내는
중국어
단어장

김로운 지음

你好!

넥서스

나혼자 끝내는 중국어 단어 암기비법

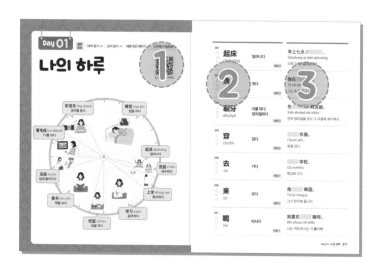

1단계 MP3를 들으며 발음 확인

먼저 MP3를 듣고, 단어의 발음을 확인하세요. 스마트폰으로 QR 코드를 스캔하면 MP3 파일을 바로 들을 수 있습니다. 넥서스 홈페이지에서도 MP3 파일을 무료로 다운받을 수 있습니다.

무료 다운 www.nexusbook.com

2단계 핵심 단어에 눈도장 콱!

001~586의 번호가 붙어 있는 핵심 단어를 먼저 외우세요. 복습할 때는 한 손으로 단어 뜻을 가리고, 중국어만 보고서 뜻을 맞춰 보세요. 복습한 단어는 체크 박스에 V 표시를 하세요.

3단계 예문 빈칸 채우기

핵심 단어를 2회 반복 암기한 다음에는 예문의 빈칸에 단어를 직접 써 보세요. 손으로 직접 써 보면 눈으로만 외우는 것보다 훨씬 기억에 오래 남습니다.

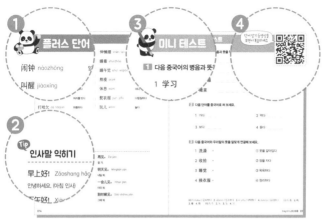

❶❷ 플러스 단어와 Tip으로 어휘력 보강

핵심 단어를 외운 다음에 좀 더 난이도가 있는 단어에 도전해 보세요. 일상생활에서 활용도가 높은 단어들입니다.

❸ 미니 테스트로 실력 확인

문제를 풀면서 실력을 확인해 보세요.

❹ 단어암기 동영상으로 복습

세 번 봤는데도 단어가 잘 안 외워진다고요? 그렇다면 단어암기 동영상을 무한 반복해서 보세요. 깜빡이 학습법으로 단어를 자동 암기할 수 있도록 도와줍니다.

무료 다운 www.nexusbook.com

스마트폰으로 책 속의 QR코드를 스캔하면
MP3 파일과 **단어암기 동영상**을 확인할 수 있어요.

먼저 MP3 파일을
들어 보세요.

단어암기 동영상으로
무한 반복 복습!

자가진단 독학용 학습 플래너

이 책은 30일 만에 1,200여 개의 중국어 단어를 암기할 수 있도록 구성되어 있습니다. 학습 플래너에 공부한 날짜를 적고 체크 박스에 V 표시를 하며 공부하세요. 외운 단어를 잊어버리지 않는 방법은 여러 번 반복해서 외우는 것밖에 없습니다. 특히 초급 단계에서는 어휘력이 곧 중국어 실력이니 중국어를 잘하기 위해서는 단어암기가 매우 중요합니다.

공부순서 ☑MP3 듣기 ➡ ☐ 단어 암기 ➡ ☐ 예문 빈칸 채우기 ➡ ☐ 단어암기 동영상

	Day	Page	공부한 날	복습 1회	복습 2회	복습 3회	단어암기 동영상
01	★★★ **나의 하루**	010	월 일	✓	✓	✓	▶
02	★★★ **학교에서**	016	월 일	✓	✓	✓	▶
03	★★★ **회사에서**	024	월 일	✓	✓	✓	▶
04	★★★ **가족과 주위 사람**	030	월 일	✓	✓	✓	▶
05	★★★ **신체와 외모**	036	월 일	✓	✓	✓	▶

나의 하루

🎧 MP3를 들어보세요

听音乐 tīng yīnyuè
음악을 듣다

睡觉 shuìjiào
잠을 자다

看电视 kàn diànshì
TV를 보다

起床 qǐchuáng
일어나다

洗脸 xǐliǎn
세수하다

回家 huí jiā
집에 돌아가다

上学 shàngxué
등교하다

看书 kàn shū
책을 보다

学习 xuéxí
공부하다

吃饭 chī fàn
밥을 먹다

001
☐
☐
☐

起床
qǐchuáng

일어나다

HSK 2

早上七点 ✎ [_____]。
Zǎoshang qī diǎn qǐchuáng.
아침 7시에 일어납니다.

002
☐
☐
☐

洗
xǐ

씻다

HSK 2

他在 [_____] 手。
Tā zài xǐshǒu.
그는 손을 씻고 있어요.

003
☐
☐
☐

刷牙
shuāyá

이를 닦다,
양치질하다

HSK 3

先 [_____] 再洗脸。
Xiān shuāyá zài xǐliǎn.
먼저 양치질을 하고 그 다음에 세수해요.

004
☐
☐
☐

穿
chuān

입다

HSK 2

[_____] 衣服。
Chuān yīfu.
옷을 입다.

005
☐
☐
☐

去
qù

가다

HSK 1

[_____] 学校。
Qù xuéxiào.
학교에 간다.

006
☐
☐
☐

来
lái

오다

HSK 1

他 [_____] 韩国。
Tā lái Hánguó.
그가 한국에 옵니다.

007
☐
☐
☐

喝
hē

마시다

HSK 1

我喜欢 [_____] 咖啡。
Wǒ xǐhuan hē kāfēi.
나는 커피 마시는 거 좋아해.

008

□
□
□

吃

chī

먹다

HSK 1

我们一起 ✎ 午饭吧。

Wǒmen yìqǐ chī wǔfàn ba.

우리 같이 점심 먹자.

009

□
□
□

回

huí

돌아가다

HSK 1

该 家了。

Gāi huí jiā le.

집에 가야겠다.

010

□
□
□

看

kàn

보다

HSK 1

我想 电视。

Wǒ xiǎng kàn diànshì.

TV 보고 싶어.

011

□
□
□

听

tīng

듣다

HSK 1

我喜欢 音乐。

Wǒ xǐhuan tīng yīnyuè.

음악을 듣는 걸 좋아해.

★ 音乐 yīnyuè 음악

012

□
□
□

读

dú

읽다

HSK 1

一遍。

Dú yí biàn.

한 번 읽다.

013

□
□
□

写

xiě

쓰다

HSK 1

给朋友 信。

Gěi péngyou xiě xìn.

친구에게 편지를 써요.

014

□
□
□

洗澡

xǐzǎo

목욕하다

HSK 3

用热水 。

Yòng rèshuǐ xǐzǎo.

따뜻한 물로 목욕해요.

015

收拾
shōushi

정리하다

HSK 4

请 ✎ _____ 一下。
Qǐng shōushi yíxià.
정리 좀 해 주세요.

016

洗衣服
xǐ yīfu

세탁하다

她在 _____ 。
Tā zài xǐ yīfu.
그녀는 세탁 중이야.

017

打扫
dǎsǎo

청소하다

HSK 3

_____ 房间。
Dǎsǎo fángjiān.
방을 청소해요.

018

做菜
zuòcài

요리하다

你会 _____ 吗?
Nǐ huì zuòcài ma?
요리할 줄 알아요?

019

学习
xuéxí

공부하다

HSK 1

我 _____ 汉语。
Wǒ xuéxí Hànyǔ.
저는 중국어 공부해요.

020

睡觉
shuìjiào

잠을 자다

HSK 1

11点 _____ 。
Shíyī diǎn shuìjiào.
11시에 자요.

021

醒
xǐng

(잠에서) 깨다

HSK 4

_____ 得早。
Xǐng de zǎo.
일찍 깨다.

플러스 단어

闹钟 nàozhōng	알람 시계		伸懒腰 shēn lǎnyāo	기지개를 켜다
叫醒 jiàoxǐng	깨우다		睡着 shuìzháo	잠들다
睡懒觉 shuìlǎnjiào	늦잠 자다		睡午觉 shuì wǔjiào	낮잠을 자다
淋浴 línyù	샤워하다		熬夜 áoyè	철야, 밤샘
刮脸 guāliǎn	면도하다		休息 xiūxi	쉬다, 휴식하다
梳头发 shū tóufa	머리를 빗다		熨衣服 yùn yīfu	다림질하다
打哈欠 dǎ hāqian	하품하다		玩儿 wánr	놀다

Tip 인사말 익히기

早上好! Zǎoshang hǎo!
안녕하세요. (아침 인사)

下午好! Xiàwǔ hǎo!
안녕하세요. (낮 인사)

晚上好! Wǎnshang hǎo!
안녕하세요. (밤 인사)

晚安! Wǎn'ān!
안녕히 주무세요.

再见。 Zài jiàn.
잘 가.

明天见。 Míngtiān jiàn.
내일 봐.

一会儿见。 Yíhuìr jiàn.
이따 봐.

到时候见。 Dào shíhou jiàn.
그때 봐.

1 다음 중국어의 병음과 뜻을 적어 보세요.

1 学习　_____　_____

2 打扫　_____　_____

3 洗衣服　_____　_____

4 做菜　_____　_____

2 다음 단어를 중국어로 써 보세요.

1 가다 _____　　2 먹다 _____

3 보다 _____　　4 듣다 _____

3 다음 중국어와 우리말의 뜻을 알맞게 연결해 보세요.

1 洗澡　·　　　　　① 일어나다

2 收拾　·　　　　　② 잠을 자다

3 睡觉　·　　　　　③ 목욕하다

4 起床　·　　　　　④ 정리하다

---

1 1. xuéxí / 공부하다　2. dǎsǎo / 청소하다　3. xǐ yīfu / 세탁하다　4. zuòcài / 요리하다　**2** 1. 去　2. 吃
3. 看　4. 听　**3** 1. ③　2. ④　3. ②　4. ①

학교에서

☐ MP3를 들어보세요

桌子 zhuōzi
책상

椅子 yǐzi
의자

书 shū
책

本子 běnzi
노트

课本 kèběn
교과서

铅笔 qiānbǐ
연필

圆珠笔 yuánzhūbǐ
볼펜

橡皮 xiàngpí
지우개

尺子 chǐzi
자

笔盒 bǐhé
필통

纸 zhǐ
종이

剪刀 jiǎndāo
가위

胶布 jiāobù
스카치테이프

胶水 jiāoshuǐ
풀

黑板 hēibǎn
칠판

022

☐ ☐ ☐
学校
xuéxiào

학교

HSK 1

我去 ✎ [   ] 。
Wǒ qù xuéxiào.
학교에 가요.

023

☐ ☐ ☐
学生
xuésheng

학생

HSK 1

我们班有25个 [   ] 。
Wǒmen bān yǒu èrshí wǔ ge xuésheng.
우리 반 학생은 25명이야.

024

☐ ☐ ☐
作业
zuòyè

숙제

HSK 3

今天没有 [   ] 。
Jīntiān méiyǒu zuòyè.
오늘은 숙제가 없어요.

025

☐ ☐ ☐
入学
rùxué

입학하다

祝贺 [   ] !
Zhùhè rùxué!
입학 축하해!

026

☐ ☐ ☐
毕业
bìyè

졸업하다

HSK 4

我是去年 [   ] 的。
Wǒ shì qùnián bìyè de.
난 작년에 졸업했어.

027

☐ ☐ ☐
教
jiāo

가르치다

HSK 3

老师 [   ] 我们汉语。
Lǎoshī jiāo wǒmen Hànyǔ.
선생님이 우리에게 중국어를 가르쳐 주신다.

028

☐ ☐ ☐
教室
jiàoshì

교실

HSK 2

我们的 [   ] 很干净。
Wǒmen de jiàoshì hěn gānjìng.
우리 교실은 깨끗해.

029

☐
☐ **同学**
☐ tóngxué

학우,
학교 친구

HSK 1

他是我的 ✎ 　　　。
Tā shì wǒ de tóngxué.

그는 내 학교 친구야.

030

☐
☐ **年级**
☐ niánjí

학년

HSK 3

我妹妹是一　　　　的学生。
Wǒ mèimei shì yī niánjí de xuésheng.

내 여동생은 1학년이야.

031

☐
☐ **词典**
☐ cídiǎn

사전

HSK 3

可以用你的　　　　吗?
Kěyǐ yòng nǐ de cídiǎn ma?

네 사전을 써도 될까?

032

☐
☐ **回答**
☐ huídá

대답하다

HSK 3

请　　　　。
Qǐng huídá.

대답해 주세요.

Tip

과목

数学 shùxué	수학	**科学** kēxué	과학	**英语** Yīngyǔ	영어
作文 zuòwén	작문	**化学** huàxué	화학	**韩语** Hányǔ	한국어
社会 shèhuì	사회	**物理** wùlǐ	물리	**日语** Rìyǔ	일본어
体育 tǐyù	체육	**美术** měishù	미술	**经济学** jīngjìxué	경제학
世界史 shìjièshǐ	세계사	**音乐** yīnyuè	음악	**心理学** xīnlǐxué	심리학
地理 dìlǐ	지리	**哲学** zhéxué	철학	**法律** fǎlǜ	법률
政治 zhèngzhì	정치	**历史** lìshǐ	역사	**文学** wénxué	문학

033 课 kè
수업
HSK 2

下午你有 ✏️ 吗?
Xiàwǔ nǐ yǒu kè ma?
오후에 수업이 있어?

034 校长 xiàozhǎng
교장
HSK 3

他是我们学校的 。
Tā shì wǒmen xuéxiào de xiàozhǎng.
그는 우리 학교 교장 선생님이셔.

035 学 xué
배우다

我在 汉语。
Wǒ zài xué Hànyǔ.
중국어 배우는 중이야.

036 学习 xuéxí
공부하다
HSK 1

努力 吧。
Nǔlì xuéxí ba.
열심히 공부해.

037 知道 zhīdào
알다
HSK 2

我也不 。
Wǒ yě bù zhīdào.
나도 모르겠어.

038 考试 kǎoshì
시험
HSK 2

明天有 。
Míngtiān yǒu kǎoshì.
내일 시험이 있어요.

039 上学 shàngxué
등교하다

你每天几点 ?
Nǐ měitiān jǐ diǎn shàngxué?
매일 몇 시에 등교해?

040	放学	하교하다	✎_____以后, 你做什么?
	fàngxué		Fàngxué yǐhòu, nǐ zuò shénme?
			수업 끝나고 너 뭐 해?

041	上课	수업하다	8点开始_____。
	shàngkè		Bā diǎn kāishǐ shàngkè.
			8시에 수업 시작해요.

042	下课	수업이 끝나다	快要_____了。
	xiàkè		Kuài yào xiàkè le.
			곧 수업이 끝나요.

043	难	어렵다	汉语_____不_____?
	nán		Hànyǔ nánbunán?
		HSK 3	중국어 어렵니, 안 어렵니?

044	容易	쉽다	不难, 很_____。
	róngyì		Bù nán, hěn róngyì.
		HSK 3	어렵지 않아, 쉬워.

045	听写	받아쓰기	我讨厌_____考试。
	tīngxiě		Wǒ tǎoyàn tīngxiě kǎoshì.
			받아쓰기 시험이 싫어.

046	背	외우다, 기억하다	_____生词。
	bèi		Bèi shēngcí.
		HSK 5	단어를 외우다.

幼儿园 yòu'éryuán	유치원	
小学 xiǎoxué	초등학교	
初中 chūzhōng	중학교	
高中 gāozhōng	고등학교	
大学 dàxué	대학교	
学士 xuéshì	학사	
硕士 shuòshì	석사	
博士 bóshì	박사	
研究生院 yánjiūshēngyuàn	대학원	
食堂 shítáng	식당	
点名 diǎnmíng	출석 체크 하다	
宿舍 sùshè	기숙사	
补习班 bǔxíbān	학원	

教育 jiàoyù	교육
成绩 chéngjì	성적
奖学金 jiǎngxuéjīn	장학금
学分 xuéfēn	학점
预习 yùxí	예습
复习 fùxí	복습
期中考试 qīzhōng kǎoshì	중간고사
期末考试 qīmò kǎoshì	기말고사
学期 xuéqī	학기
暑假 shǔjià	여름방학
寒假 hánjià	겨울방학
社团 shètuán	동아리

미니 테스트

단어 암기 동영상을
보면서 복습하세요

1 다음 중국어의 병음과 뜻을 적어 보세요.

1 学生 _____ _____

2 作业 _____ _____

3 同学 _____ _____

4 年级 _____ _____

2 다음 단어를 중국어로 써 보세요.

1 가르치다 _____　　2 대답하다 _____

3 배우다 _____　　4 알다 _____

3 다음 중국어와 우리말의 뜻을 알맞게 연결해 보세요.

1 词典 ·　　　　　　① 수업이 끝나다

2 下课 ·　　　　　　② 사전

3 考试 ·　　　　　　③ 교장

4 校长 ·　　　　　　④ 시험

1 1. xuésheng / 학생　2. zuòyè / 숙제　3. tóngxué / 학우, 학교 친구　4. niánjí / 학년　**2** 1. 教　2. 回答
3. 学　4. 知道　**3** 1. ②　2. ①　3. ④　4. ③

회사에서

🎧 MP3를 들어보세요

老师 lǎoshī
선생님

医生 yīshēng
의사

警察 jǐngchá
경찰관

公司职员 gōngsīzhíyuán
회사원

演员 yǎnyuán
연예인

厨师 chúshī
요리사

| 047 | **公司**
gōngsī | 회사

HSK 2 | 你的 ✎ 在哪儿?
Nǐ de gōngsī zài nǎr?
회사는 어디예요? |

047
☐☐☐ **公司** gōngsī 회사 HSK 2

你的 ✎ 在哪儿?
Nǐ de gōngsī zài nǎr?
회사는 어디예요?

048
☐☐☐ **贸易** màoyì 무역 HSK 5

我在 公司工作。
Wǒ zài màoyì gōngsī gōngzuò.
저는 무역회사에서 일합니다.

049
☐☐☐ **工作** gōngzuò 일, 일하다 HSK 1

我在银行 。
Wǒ zài yínháng gōngzuò.
저는 은행에서 일해요.

050
☐☐☐ **找** zhǎo 찾다 HSK 2

弟弟在 工作。
Dìdi zài zhǎo gōngzuò.
남동생은 구직 중이에요.

051
☐☐☐ **面试** miànshì 면접

参加 。
Cānjiā miànshì.
면접을 보다.

052
☐☐☐ **同事** tóngshì 동료 HSK 3

我跟 一起学游泳。
Wǒ gēn tóngshì yìqǐ xué yóuyǒng.
나는 동료와 같이 수영을 배워요.

053
☐☐☐ **会议** huìyì 회의 HSK 3

明天有 。
Míngtiān yǒu huìyì.
내일 회의가 있어요.

054

☐ ☐ ☐ **资料**
zīliào

자료

HSK 5

复印 ⬛⬛⬛⬛。
Fùyìn zīliào.
자료를 복사하다.

055

☐ ☐ ☐ **忙**
máng

바쁘다

HSK 2

他最近很 ⬛⬛⬛⬛。
Tā zuìjìn hěn máng.
그는 요즘 바빠.

056

☐ ☐ ☐ **上班**
shàngbān

출근하다

HSK 2

每天早上八点 ⬛⬛⬛⬛。
Měitiān zǎoshang bā diǎn shàngbān.
매일 아침 8시에 출근해요.

057

☐ ☐ ☐ **下班**
xiàbān

퇴근하다

⬛⬛⬛⬛ 以后, 你做什么?
Xiàbān yǐhòu, nǐ zuò shénme?
퇴근하고 뭐 해?

058

☐ ☐ ☐ **加班**
jiābān

야근하다,
잔업하다

HSK 4

昨天 ⬛⬛⬛⬛ 了。
Zuótiān jiābān le.
어제 야근했어.

059

☐ ☐ ☐ **出差**
chūchāi

출장 가다

HSK 4

他去中国 ⬛⬛⬛⬛ 了。
Tā qù Zhōngguó chūchāi le.
그는 중국에 출장을 갔어요.

060

☐ ☐ ☐ **累**
lèi

피곤하다,
지치다

HSK 2

⬛⬛⬛⬛ 死了。
Lèi sǐ le.
피곤해 죽겠어.

061

薪水
xīnshuì

급료, 월급

HSK 6

✎　　　不高。
Xīnshuì bù gāo.
급여가 높지 않아요.

062

名片
míngpiàn

명함

HSK 5

这是我的　　　。
Zhè shì wǒ de míngpiàn.
이게 제 명함이에요.

063

转交
zhuǎnjiāo

전달하다

请把这张表　　　给他。
Qǐng bǎ zhè zhāng biǎo zhuǎnjiāo gěi tā.
이 서류를 그에게 전달해 주세요.

064

参加
cānjiā

참가하다,
참석하다

HSK 3

他在　　　会议。
Tā zài cānjiā huìyì.
그는 회의 중입니다.

065

联系
liánxì

연락하다

HSK 4

以后再　　　吧。
Yǐhòu zài liánxì ba.
나중에 또 연락합시다.

066

打工
dǎgōng

아르바이트하다

HSK 5

我去　　　。
Wǒ qù dǎgōng.
나 알바 갈게.

플러스 단어

企业 qǐyè	기업	请假 qǐngjià	휴가를 내다
大企业 dàqǐyè	대기업	迟到 chídào	지각하다
简历 jiǎnlì	이력서	双职工 shuāngzhígōng	맞벌이
招聘 zhāopìn	채용하다	签约 qiānyuē	계약하다
应聘 yìngpìn	지원하다	进口 jìnkǒu	수입
年薪 niánxīn	연봉	出口 chūkǒu	수출
奖金 jiǎngjīn	보너스	订单 dìngdān	주문서
年金 niánjīn	연금	样品 yàngpǐn	샘플
升职 shēngzhí	승진하다	不景气 bùjǐngqì	불경기
辞职 cízhí	사직하다		

 직업

公务员 gōngwùyuán	공무원	歌手 gēshǒu	가수
银行职员 yínhángzhíyuán	은행원	司机 sījī	운전기사
护士 hùshi	간호사	运动员 yùndòngyuán	운동선수
律师 lǜshī	변호사	教授 jiàoshòu	교수
记者 jìzhě	기자	设计师 shèjìshī	디자이너
美发师 měifàshī	미용사	家庭主妇 jiātíngzhǔfù	가정주부

미니 테스트

단어 암기 동영상을
보면서 복습하세요

1 다음 중국어의 병음과 뜻을 적어 보세요.

1 上班 _____ _____

2 会议 _____ _____

3 出差 _____ _____

4 累 _____ _____

2 다음 단어를 중국어로 써 보세요.

1 회사 _____   2 동료 _____

3 일, 일하다 _____   4 바쁘다 _____

3 다음 중국어와 우리말의 뜻을 알맞게 연결해 보세요.

1 贸易 ·   ① 자료

2 资料 ·   ② 무역

3 找 ·   ③ 면접

4 面试 ·   ④ 찾다

---

1 1. shàngbān / 출근하다   2. huìyì / 회의   3. chūchāi / 출장 가다   4. lèi / 피곤하다, 지치다   **2** 1. 公司
2. 同事   3. 工作   4. 忙   **3** 1. ②   2. ①   3. ④   4. ③

가족과 주위 사람

🎧 MP3를 들어보세요

爷爷 yéye
할아버지

奶奶 nǎinai
할머니

爸爸 bàba
아버지

妈妈 māma
어머니

哥哥 gēge
형, 오빠

姐姐 jiějie
누나, 언니

我 wǒ
나

妹妹 mèimei
여동생

弟弟 dìdi
남동생

| 067 ☐☐☐ | **爷爷**
yéye | 할아버지 | HSK 3 |

我 ✎　　　很健康。
Wǒ yéye hěn jiànkāng.
저희 할아버지는 건강하세요.

| 068 ☐☐☐ | **奶奶**
nǎinai | 할머니 | HSK 3 |

　　　去医院了。
Nǎinai qù yīyuàn le.
할머니는 병원에 가셨어요.

| 069 ☐☐☐ | **父母**
fùmǔ | 부모, 양친 |

送　　　什么礼物好?
Sòng fùmǔ shénme lǐwù hǎo?
부모님께 어떤 선물을 하면 좋을까?

| 070 ☐☐☐ | **爸爸**
bàba | 아버지,
아빠 | HSK 1 |

　　　喜欢打高尔夫球。
Bàba xǐhuan dǎ gāo'ěrfūqiú.
아빠는 골프를 좋아하셔.

| 071 ☐☐☐ | **妈妈**
māma | 어머니,
엄마 | HSK 1 |

　　　在做菜。
Māma zài zuò cài.
엄마는 요리 중이에요.

| 072 ☐☐☐ | **兄弟**
xiōngdì | 형제 | HSK 5 |

你有　　　姐妹吗?
Nǐ yǒu xiōngdì jiěmèi ma?
형제자매가 있나요?

| 073 ☐☐☐ | **哥哥**
gēge | 형, 오빠 | HSK 2 |

　　　是公司职员。
Gēge shì gōngsīzhíyuán.
오빠는 회사원이야.

姐姐
jiějie

누나, 언니

HSK 2

✏️ 很高。
Jiějie hěn gāo.
언니는 키가 커.

弟弟
dìdi

남동생

HSK 2

在学校。
Dìdi zài xuéxiào.
남동생은 학교에 있어.

妹妹
mèimei

여동생

HSK 2

我比 大两岁。
Wǒ bǐ mèimei dà liǎng suì.
난 여동생보다 두 살 많아.

亲戚
qīnqi

친척

HSK 4

你和 经常来往吗?
Nǐ hé qīnqi jīngcháng láiwǎng ma?
친척과 자주 왕래하나요?

表哥
biǎogē

사촌 오빠,
사촌 형

他是我 。
Tā shì wǒ biǎogē.
그는 사촌 오빠야.

表妹
biǎomèi

사촌 여동생

今年8岁。
Biǎomèi jīnnián bā suì.
사촌 여동생은 올해 8살이에요.

儿子
érzi

아들

HSK 1

我有两个 。
Wǒ yǒu liǎng ge érzi.
아들이 둘 있어요.

081 ☐☐☐ **女儿** nǚ'ér 딸 HSK 1

我 ✏ 在中国留学。
Wǒ nǚ'ér zài Zhōngguó liúxué.
우리 딸은 중국에서 유학해요.

---

082 ☐☐☐ **朋友** péngyou 친구 HSK 1

我有很多外国 。
Wǒ yǒu hěn duō wàiguó péngyou.
난 외국 친구가 많아.

---

083 ☐☐☐ **男朋友** nánpéngyou 남자친구

他不是我的 。
Tā búshì wǒ de nánpéngyou.
그는 내 남자친구가 아니야.

★ **女朋友** nǚpéngyou 여자친구

---

084 ☐☐☐ **丈夫** zhàngfu 남편 HSK 2

她 是中国人。
Tā zhàngfu shì Zhōngguórén.
그녀의 남편은 중국인이에요.

---

085 ☐☐☐ **妻子** qīzi 아내 HSK 2

我 很漂亮。
Wǒ qīzi hěn piàoliang.
제 아내는 예쁩니다.

---

086 ☐☐☐ **独生女** dúshēngnǚ 외동딸

我是 。
Wǒ shì dúshēngnǚ.
전 외동딸이에요.

★ **独生子** dúshēngzǐ 외아들

老大 lǎodà	첫째	
老二 lǎo'èr	둘째	
老三 lǎosān	셋째	
兄弟姐妹 xiōngdìjiěmèi	형제자매	
女婿 nǚxu	사위	
儿媳妇 érxífu	며느리	
婆婆 pópo	시어머니	
公公 gōnggong	시아버지	
侄子 zhízi	조카	
侄女 zhínǚ	조카딸	

孙子 sūnzi	손자
孙女 sūnnǚ	손녀
外孙子 wàisūnzi	외손자
外孙女 wàisūnnǚ	외손녀
妹夫 mèifu	매부
姐夫 jiěfu	제부
姨妈 yímā	이모
姑妈 gūmā	고모
叔叔 shūshu	삼촌

단어 암기 동영상을
보면서 복습하세요

1 다음 중국어의 병음과 뜻을 적어 보세요.

1 妻子 _____ _____

2 爷爷 _____ _____

3 朋友 _____ _____

4 姐姐 _____ _____

2 다음 단어를 중국어로 써 보세요.

1 어머니, 엄마 _____ 2 아버지, 아빠 _____

3 남편 _____ 4 여동생 _____

3 다음 중국어와 우리말의 뜻을 알맞게 연결해 보세요.

1 亲戚 ·   ① 남동생

2 儿子 ·   ② 형제

3 弟弟 ·   ③ 친척

4 兄弟 ·   ④ 아들

---

1 1. qīzi / 아내 2. yéye / 할아버지 3. péngyou / 친구 4. jiějie / 누나, 언니   **2** 1. 妈妈 2. 爸爸 3. 丈夫
4. 妹妹   **3** 1. ③ 2. ④ 3. ① 4. ②

신체와 외모

🎧 MP3를 들어보세요

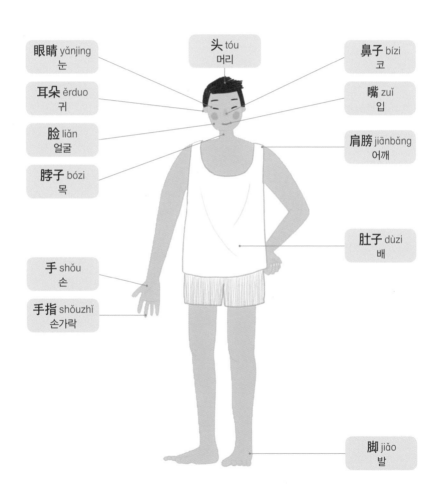

眼睛 yǎnjing
눈

耳朵 ěrduo
귀

脸 liǎn
얼굴

脖子 bózi
목

头 tóu
머리

鼻子 bízi
코

嘴 zuǐ
입

肩膀 jiānbǎng
어깨

肚子 dùzi
배

手 shǒu
손

手指 shǒuzhǐ
손가락

脚 jiǎo
발

087 ☐☐☐	**身体** shēntǐ	몸, 신체 HSK 2	你 ✎ ▨▨▨ 好吗? Nǐ shēntǐ hǎo ma? 잘 지내시죠?
088 ☐☐☐	**头** tóu	머리	▨▨▨ 有点儿疼。 Tóu yǒudiǎnr téng. 머리가 좀 아파.
089 ☐☐☐	**脸** liǎn	얼굴 HSK 3	▨▨▨ 晒黑了。 Liǎn shàihēi le. 얼굴이 탔어.
090 ☐☐☐	**大** dà	크다, 나이가 많다 HSK 1	他比我 ▨▨▨。 Tā bǐ wǒ dà. 그가 나보다 나이가 많아.
091 ☐☐☐	**小** xiǎo	작다, 어리다 HSK 1	虽然他很 ▨▨▨, 可是很懂事。 Suīrán tā hěn xiǎo, kěshì hěn dǒngshì. 그는 어리지만 사리가 바릅니다.
092 ☐☐☐	**眼睛** yǎnjing	눈 HSK 2	她 ▨▨▨ 很大。 Tā yǎnjing hěn dà. 그녀의 눈은 커요.
093 ☐☐☐	**鼻子** bízi	코 HSK 3	他 ▨▨▨ 很高。 Tā bízi hěn gāo. 그는 코가 높아요.

094

个子
gèzi

키

HSK 3

不过 ✎ 不太高。
Búguò gèzi bú tài gāo.
그런데 키가 별로 안 커.

095

高
gāo

높다,
(키가) 크다

HSK 2

他很　　　。
Tā hěn gāo.
그는 키가 커.

096

矮
ǎi

낮다,
(키가) 작다

HSK 3

我比他　　　。
Wǒ bǐ tā ǎi.
내가 그보다 키가 작아.

097

头发
tóufa

머리카락

HSK 3

我想剪　　　　。
Wǒ xiǎng jiǎn tóufa.
머리 자르고 싶어.

098

手
shǒu

손

牵着　　　一起走。
Qiānzhe shǒu yìqǐ zǒu.
손 잡고 함께 걷다.

099

脚
jiǎo

발

HSK 3

　　　疼, 想休息一会儿。
Jiǎo téng, xiǎng xiūxi yíhuìr.
발 아파서 잠시 쉬고 싶어.

100

身高
shēngāo

신장, 키

他的　　　　一米七。
Tā de shēngāo yì mǐ qī.
그의 신장은 170센티이다.

101	体重 tǐzhòng	체중, 몸무게	请不要问我的 ✐ 。

101

☐☐☐ **体重** tǐzhòng

체중, 몸무게

请不要问我的 ✐ 。
Qǐng búyào wèn wǒ de tǐzhòng.
체중은 묻지 말아 주세요.

102

☐☐☐ **胖** pàng

뚱뚱하다

HSK 3

我　　　　了, 得减肥。
Wǒ pàng le, děi jiǎnféi.
살쪘어, 다이어트해야 해.

103

☐☐☐ **瘦** shòu

마르다, 날씬하다

HSK 3

你很　　　　, 不用减肥。
Nǐ hěn shòu, búyòng jiǎnféi.
너 날씬해, 다이어트할 필요 없어.

104

☐☐☐ **可爱** kě'ài

귀엽다

HSK 3

我的小狗太　　　　了。
Wǒ de xiǎogǒu tài kě'ài le.
우리 강아지 너무 귀여워.

105

☐☐☐ **漂亮** piàoliang

예쁘다

HSK 1

我的女朋友很　　　　。
Wǒ de nǚpéngyou hěn piàoliang.
내 여자친구는 예뻐.

106

☐☐☐ **帅** shuài

잘생기다

HSK 4

你觉得他　　　　吗?
Nǐ juéde tā shuài ma?
네 생각엔 걔가 잘생긴 것 같아?

107

☐☐☐ **酷** kù

멋지다, 멋있다

他非常　　　　。
Tā fēicháng kù.
그는 굉장히 멋있어.

脖子 bózi	목	舌头 shétou	혀
肩膀 jiānbǎng	어깨	下巴 xiàba	턱
嘴 zuǐ	입	胡子 húzi	수염
耳朵 ěrduo	귀	脸型 liǎnxíng	얼굴형
背 bèi	등	斑点 bāndiǎn	점
肚子 dùzi	배	酒窝 jiǔwō	보조개
手指 shǒuzhǐ	손가락	皱纹 zhòuwén	주름
牙齿 yáchǐ	이, 치아	青春痘 qīngchūndòu	여드름
嗓子 sǎngzi	목구멍	肚脐 dùqí	배꼽
瞳孔 tóngkǒng	눈동자	手指甲 shǒuzhǐjiǎ	손톱
双眼皮 shuāngyǎnpí	쌍꺼풀	指纹 zhǐwén	지문
单眼皮 dānyǎnpí	외꺼풀	膝盖 xīgài	무릎
眉毛 méimao	눈썹	脚腕子 jiǎowànzi	발목
面颊 miànjiá	볼, 뺨	长 cháng	(길이가) 길다
嘴唇 zuǐchún	입술	短 duǎn	(길이가) 짧다

1 다음 중국어의 병음과 뜻을 적어 보세요.

1 矮 _____ _____

2 胖 _____ _____

3 个子 _____ _____

4 脸 _____ _____

2 다음 단어를 중국어로 써 보세요.

1 머리 _____   2 손 _____

3 높다, (키가) 크다 _____   4 귀엽다 _____

3 다음 중국어와 우리말의 뜻을 알맞게 연결해 보세요.

1 体重 ·   ① 마르다, 날씬하다

2 瘦 ·   ② 발

3 脚 ·   ③ 잘생기다

4 帅 ·   ④ 체중, 몸무게

1 1. ǎi / 키가 작다 2. pàng / 뚱뚱하다 3. gèzi / 키 4. liǎn / 얼굴   **2** 1. 头 2. 手 3. 高 4. 可爱
3 1. ④ 2. ① 3. ② 4. ③

감정과 느낌 표현

🎧 MP3를 들어보세요

高兴 gāoxìng
기쁘다

伤心 shāngxīn
슬프다

生气 shēngqì
화내다

吃惊 chījīng
놀라다

笑 xiào
웃다

哭 kū
울다

108 ☐☐☐	**高兴** gāoxìng	기쁘다 HSK 1	认识你很 ✎ 。 Rènshi nǐ hěn gāoxìng. 만나서 기뻐요.

109 ☐☐☐	**快乐** kuàilè	즐겁다 HSK 2	祝你生日 ! Zhù nǐ shēngrì kuàilè! 생일 축하해!

110 ☐☐☐	**有意思** yǒu yìsi	재미있다	这本书很 。 Zhè běn shū hěn yǒu yìsi. 이 책 재미있어.

111 ☐☐☐	**希望** xīwàng	희망하다 HSK 2	我 在中国工作。 Wǒ xīwàng zài Zhōngguó gōngzuò. 나는 중국에서 일하길 원해요.

112 ☐☐☐	**喜欢** xǐhuan	좋아하다 HSK 1	我不 吃香菜。 Wǒ bù xǐhuan chī xiāngcài. 나는 향채 먹는 것을 안 좋아해요. ★ 香菜 xiāngcài 향채, 고수풀

113 ☐☐☐	**满意** mǎnyì	만족스럽다 HSK 3	他对他的新工作很 。 Tā duì tā de xīn gōngzuò hěn mǎnyì. 그는 그의 새로운 일에 만족스러워해요.

114 ☐☐☐	**感动** gǎndòng	감동하다 HSK 4	我看了表演深受 。 Wǒ kàn le biǎoyǎn shēnshòu gǎndòng. 공연을 보고 깊은 감동을 받았다.

115

□
□
□
幸福
xìngfú

행복하다

HSK 4

我非常 🖊 ⬚⬚⬚⬚。
Wǒ fēicháng xìngfú.
너무 행복해요.

116

□
□
□
寂寞
jìmò

외롭다,
쓸쓸하다

HSK 5

一点儿也不 ⬚⬚⬚⬚。
Yìdiǎnr yě bú jìmò.
조금도 외롭지 않아요.

117

□
□
□
害怕
hàipà

무섭다

HSK 3

我 ⬚⬚⬚⬚ 小猫。
Wǒ hàipà xiǎomāo.
나는 고양이가 무서워.

118

□
□
□
讨厌
tǎoyàn

싫어하다

HSK 4

爸爸 ⬚⬚⬚⬚ 吃快餐。
Bàba tǎoyàn chī kuàicān.
아빠는 패스트푸드 싫어하셔.

119

□
□
□
后悔
hòuhuǐ

후회하다

HSK 4

现在 ⬚⬚⬚⬚ 有什么用?
Xiànzài hòuhuǐ yǒu shénme yòng?
이제 와서 후회하면 무슨 소용이 있겠어?

120

□
□
□
担心
dānxīn

걱정하다

HSK 3

不用 ⬚⬚⬚⬚, 只是感冒而已。
Bú yòng dānxīn, zhǐshì gǎnmào éryǐ.
걱정 마세요. 감기일 뿐이에요.

121

□
□
□
难受
nánshòu

괴롭다

HSK 4

昨天睡得不好, 真 ⬚⬚⬚⬚。
Zuótiān shuì de bùhǎo, zhēn nánshòu.
어제 잠을 못 잤더니 너무 괴로워.

122

伤心
shāngxīn

속상하다

HSK 4

他好像有 ✎ 的事。
Tā hǎoxiàng yǒu shāngxīn de shì.
그는 아무래도 속상한 일이 있는 것 같아.

123

不好意思
bùhǎoyìsi

미안하다,
겸연쩍다

, 这儿有人。
Bùhǎoyìsi, zhèr yǒu rén.
미안합니다만, 여기 자리 있어요.

124

吃惊
chījīng

놀라다

HSK 4

听到那个消息, 我很 。
Tīngdào nà ge xiāoxi, wǒ hěn chījīng.
그 소식을 듣고 나는 너무 놀랐어요.

125

生气
shēngqì

화내다

HSK 3

她的话使我 。
Tā de huà shǐ wǒ shēngqì.
그녀의 말이 날 화나게 했어.

126

紧张
jǐnzhāng

긴장하다

HSK 4

明天有考试, 太 了。
Míngtiān yǒu kǎoshì, tài jǐnzhāng le.
내일 시험이라 너무 긴장돼.

127

无聊
wúliáo

심심하다,
재미없다

HSK 4

真 , 我们出去玩儿吧。
Zhēn wúliáo, wǒmen chūqu wánr ba.
심심해, 우리 나가서 놀자.

128

羡慕
xiànmù

부럽다

HSK 4

真 你。
Zhēn xiànmù nǐ.
정말 네가 부러워.

微笑 wēixiào	미소 짓다	
笑 xiào	웃다	
哭 kū	울다	
流泪 liúlèi	눈물을 흘리다	
鼓励 gǔlì	격려하다	
支持 zhīchí	지지하다	
鼓掌 gǔzhǎng	박수치다	
尊敬 zūnjìng	존경하다	
打架 dǎjià	싸우다	
吵架 chǎojià	말다툼하다	
兴奋 xīngfèn	격분하다, 흥분하다	
热情 rèqíng	친절하다, 다정하다	

骄傲 jiāo'ào	오만하다, 거만하다
悲哀 bēi'āi	슬프고 애통하다
悲伤 bēishāng	마음이 아프다
孤独 gūdú	고독하다, 적적하다
思念 sīniàn	그리워하다
平淡 píngdàn	평범하다, 무미건조하다
恐惧 kǒngjù	겁먹다, 두려워하다
负罪 fùzuì	죄책감을 느끼다
爱情 àiqíng	사랑
友情 yǒuqíng	우정
乐趣 lèqù	즐거움, 기쁨

 미니 테스트

 단어 암기 동영상을
보면서 복습하세요

1 다음 중국어의 병음과 뜻을 적어 보세요.

1 幸福 _____ _____

2 感动 _____ _____

3 无聊 _____ _____

4 羡慕 _____ _____

2 다음 단어를 중국어로 써 보세요.

1 좋아하다 _____   2 기쁘다 _____

3 걱정하다 _____   4 화내다 _____

3 다음 중국어와 우리말의 뜻을 알맞게 연결해 보세요.

1 吃惊   ·   ① 미안하다, 겸언쩍다

2 难受   ·   ② 괴롭다

3 不好意思 ·   ③ 놀라다

4 讨厌   ·   ④ 싫어하다

1 1. xìngfú / 행복하다 2. gǎndòng / 감동하다 3. wúliáo / 심심하다 4. xiànmù / 부럽다   **2** 1. 喜欢
2. 高兴 3. 担心 4. 生气   **3** 1. ③ 2. ② 3. ① 4. ④

 Day 06 감정과 느낌 표현 **047**

공부 순서 ☐ MP3 듣기 ➡ ☐ 단어 암기 ➡ ☐ 예문 빈칸 채우기 ➡ ☐ 단어암기 동영상

성격 표현하기

🎧 MP3를 들어보세요

亲切 qīnqiè
친절하다

自私 zìsī
이기적이다

有礼貌 yǒu lǐmào
예의 바르다

活泼 huópo
활발하다

懒 lǎn
게으르다

唠叨 láodao
수다스럽다

	129 性格		

129
性格
xìnggé
성격
HSK 4

他的 ✎＿＿＿怎么样?
Tā de xìnggé zěnmeyàng?
그의 성격은 어때?

130
谦虚
qiānxū
겸손하다
HSK 5

他总是很＿＿＿。
Tā zǒngshì hěn qiānxū.
그는 언제나 겸손해요.

131
自私
zìsī
이기적이다
HSK 5

那个人很＿＿＿。
Nà ge rén hěn zìsī.
저 사람 이기적이야.

132
亲切
qīnqiè
친절하다
HSK 5

他对我很＿＿＿。
Tā duì wǒ hěn qīnqiè.
그는 나에게 친절해요.

133
严格
yángé
엄격하다
HSK 4

李老师很＿＿＿。
Lǐ lǎoshī hěn yángé.
이 선생님은 엄격하시다.

134
诚实
chéngshí
성실하다
HSK 4

他非常＿＿＿。
Tā fēicháng chéngshí.
그는 굉장히 성실해.

135
懒
lǎn
게으르다
HSK 4

她太＿＿＿了, 经常迟到。
Tā tài lǎn le, jīngcháng chídào.
그녀는 너무 게을러서 항상 지각해요.

136

活泼
huópo

활발하다

HSK 4

她性格很 _____ 。

Tā xìnggé hěn huópo.

그녀는 활발해요.

137

害羞
hàixiū

부끄러워하다

HSK 4

_____ 得脸红了。

Hàixiū de liǎn hóng le.

부끄러워서 얼굴이 붉어졌다.

138

礼貌
lǐmào

예의 바르다

HSK 4

他有 _____ 。

Tā yǒu lǐmào.

그는 예의 바릅니다.

139

耐心
nàixīn

참을성이 있다

谢谢您的 _____ 等待。

Xièxie nín de nàixīn děngdài.

오랫동안 기다려 주셔서 감사합니다.

140

细心
xìxīn

세심하다,
섬세하다

他做事很 _____ 。

Tā zuò shì hěn xìxīn.

그는 일을 꼼꼼하게 해요.

141

马大哈
mǎdàhā

덜렁거리다,
덜렁이

你是个 _____ 。

Nǐ shì ge mǎdàhā.

넌 덜렁이야.

142

可靠
kěkào

믿음직스럽다

HSK 5

他是个 _____ 的人。

Tā shì ge kěkào de rén.

그는 믿음직스러운 사람이에요.

143		
☐☐☐ **勇敢** yǒnggǎn	용감하다 HSK 4	而且很 🖊 。 Érqiě hěn yǒnggǎn. 게다가 용감해.

144		
☐☐☐ **骄傲** jiāo'ào	건방지다, 교만하다 HSK 4	他是 自大的人。 Tā shì jiāo'ào zìdà de rén. 그는 교만하고 잘난 체하는 사람이야.

145		
☐☐☐ **幼稚** yòuzhì	유치하다 HSK 6	他有点儿 吧? Tā yǒudiǎr yòuzhì ba? 그가 좀 유치하지요?

146		
☐☐☐ **聪明** cōngming	똑똑하다, 지혜롭다 HSK 3	他很 。 Tā hěn cōngming. 그는 똑똑해.

147		
☐☐☐ **笨** bèn	어리석다, 멍청하다 HSK 4	我很 ，又没带来钱包。 Wǒ hěn bèn, yòu méi dàilái qiánbāo. 나 너무 멍청해, 또 지갑을 안 가지고 왔네.

148		
☐☐☐ **唠叨** láodao	수다스럽다, 말이 많다 HSK 6	我不喜欢 的人。 Wǒ bù xǐhuan láodao de rén. 나는 수다스러운 사람 싫어해.

态度	tàidu	태도		缺点	quēdiǎn	단점
外向	wàixiàng	외향적이다		积极	jījí	적극적이다, 열성적이다
内向	nèixiàng	내성적이다		消极	xiāojí	소극적이다, 의기소침하다
胆小	dǎnxiǎo	소심하다		完美	wánměi	완벽하다
大胆	dàdǎn	대담하다		浪漫	làngmàn	로맨틱하다
开放	kāifàng	개방적이다		活跃	huóyuè	활동적이다, 활기차다
保守	bǎoshǒu	보수적이다		随和	suíhe	온순하다, 부드럽다
乐观	lèguān	긍정적이다		冷漠	lěngmò	냉담하다
否定	fǒudìng	부정적이다		幽默	yōumò	유머러스하다
优点	yōudiǎn	장점		固执	gùzhí	고집스럽다

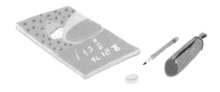

미니 테스트

단어 암기 동영상을 보면서 복습하세요

1 다음 중국어의 병음과 뜻을 적어 보세요.

1 诚实 _____ _____

2 害羞 _____ _____

3 礼貌 _____ _____

4 细心 _____ _____

2 다음 단어를 중국어로 써 보세요.

1 성격 _____　　2 똑똑하다, 지혜롭다 _____

3 친절하다 _____　　4 활발하다 _____

3 다음 중국어와 우리말의 뜻을 알맞게 연결해 보세요.

1 懒　　·　　　　　　　　　① 덜렁거리다, 덜렁이

2 自私　·　　　　　　　　　② 수다스럽다, 말이 많다

3 唠叨　·　　　　　　　　　③ 게으르다

4 马大哈　·　　　　　　　　④ 이기적이다

1 1. chéngshí / 성실하다　2. hàixiū / 부끄러워하다　3. lǐmào / 예의 바르다　4. xìxīn / 세심하다
2 1. 性格　2. 聪明　3. 亲切　4. 活泼　　**3** 1. ③　2. ④　3. ②　4. ①

사람의 일생

🎧 MP3를 들어보세요

婴儿 yīng'ér
갓난아기, 신생아

孩子 háizi
아이

成人 chéngrén
어른, 성인

老人 lǎorén
노인, 늙은이

结婚 jiéhūn
결혼

去世 qùshì
죽다

149

人生
rénshēng

인생

HSK 5

结婚是 ✎ ⬜⬜⬜ 大事。
Jiéhūn shì rénshēng dàshì.
결혼은 인륜대사이다.

150

出生
chūshēng

태어나다

HSK 4

孙子 ⬜⬜⬜ 了。
Sūnzi chūshēng le.
손자가 태어났어요.

151

孩子
háizi

아이

HSK 2

你有没有 ⬜⬜⬜ ?
Nǐ yǒuméiyǒu háizi?
자녀가 있나요?

152

双胞胎
shuāngbāotāi

쌍둥이

HSK 6

他们是 ⬜⬜⬜ 。
Tāmen shì shuāngbāotāi.
그들은 쌍둥이야.

★ 三胞胎 sānbāotāi 세 쌍둥이

153

男孩(子)
nánhái(zi)

남자아이

那个 ⬜⬜⬜ 很聪明。
Nà ge nánhái hěn cōngming.
저 남자애는 똑똑해.

★ 女孩(子) nǚhái(zi) 여자아이

154

诞生
dànshēng

탄생하다

HSK 6

祝贺王子 ⬜⬜⬜ !
Zhùhè wángzǐ dànshēng!
왕자의 탄생을 축하합니다!

155

年轻人
niánqīngrén

젊은이

⬜⬜⬜ 很多。
Niánqīngrén hěn duō.
젊은 사람들이 많아요.

156

□
□ **年轻**
□ niánqīng

젊다

HSK 3

看起来他很 ✏️ 　　　。
Kànqǐlái tā hěn niánqīng.
그는 젊어 보여요.

157

□
□ **成人**
□ chéngrén

어른, 성인

孩子已经 　　　 了。
Háizi yǐjīng chéngrén le.
어린아이가 벌써 성인이 되었네요.

158

□
□ **老人**
□ lǎorén

노인, 늙은이

这 　　　 快九十岁了。
Zhè lǎorén kuài jiǔshí suì le.
이 노인은 곧 90살이 되어 갑니다.

159

□
□ **年龄**
□ niánlíng

나이, 연령

HSK 4

结婚的 　　　 正在增大。
Jiéhūn de niánlíng zhèngzài zēngdà.
결혼 연령이 점점 높아지고 있다.

160

□
□ **一辈子**
□ yíbèizi

일생, 평생

HSK 5

这件事我 　　　 忘不了。
Zhè jiàn shì wǒ yíbèizi wàngbuliǎo.
이 일을 나는 한평생 잊을 수 없다.

161

□
□ **谈恋爱**
□ tánliàn'ài

연애하다

姐姐在 　　　。
Jiějie zài tánliàn'ài.
언니는 연애 중이야.

162

□
□ **爱**
□ ài

사랑하다

HSK 1

爸爸 　　　 妈妈。
Bàba ài māma.
아빠는 엄마를 사랑해요.

| 163 ☐☐☐ | **结婚**
 jiéhūn | 결혼하다

 HSK 3 | 我 ✎ ____ 两年了。
 Wǒ jiéhūn liǎng nián le.
 나는 결혼한 지 2년이 되었어요. |

| 164 ☐☐☐ | **怀孕**
 huáiyùn | 임신하다

 HSK 5 | 听说你 ____ 了。恭喜恭喜!
 Tīngshuō nǐ huáiyùn le. Gōngxǐ gōngxǐ!
 너 임신했다며. 축하해! |

| 165 ☐☐☐ | **去世**
 qùshì | 죽다

 HSK 5 | 我爷爷去年 ____ 了。
 Wǒ yéye qùnián qùshì le.
 우리 할아버지는 작년에 돌아가셨어. |

| 166 ☐☐☐ | **葬礼**
 zànglǐ | 장례 | 为了参加 ____ ，我请假了。
 Wèile cānjiā zànglǐ, wǒ qǐngjià le.
 장례식에 참석하기 위해 휴가를 냈어. |

婴儿 yīng'ér	갓난아기, 신생아	告白 gàobái	고백하다
幼儿 yòu'ér	유아	分手 fēnshǒu	헤어지다
儿童 értóng	어린이	吹了 chuīle	깨졌다, 헤어졌다
青少年 qīngshàonián	청소년	被甩了 bèishuǎile	차이다
成年 chéngnián	성인	相亲 xiāngqīn	선보다
青春期 qīngchūnqī	사춘기	求婚 qiúhūn	청혼하다
长寿 chángshòu	장수하다	新婚旅行 xīnhūn lǚxíng	신혼여행
成熟 chéngshú	성숙하다	新娘 xīnniáng	신부
长大 zhǎngdà	성장하다, 자라다	新郎 xīnláng	신랑
衰退 shuāituì	쇠약해지다	吃喜糖 chīxǐtáng	(결혼 축하) 사탕을 먹다, 결혼하다
一见钟情 yíjiànzhōngqíng	첫눈에 반하다	生孩子 shēngháizi	출산하다
梦中情人 mèngzhōngqíngrén	이상형	坐月子 zuòyuèzi	산후조리하다
三角关系 sānjiǎoguānxì	삼각관계	喂养 wèiyǎng	키우다, 양육하다

미니 테스트

단어 암기 동영상을 보면서 복습하세요

1 다음 중국어의 병음과 뜻을 적어 보세요.

1 谈恋爱 _____ _____

2 成人 _____ _____

3 年龄 _____ _____

4 去世 _____ _____

2 다음 단어를 중국어로 써 보세요.

1 아이 _____   2 노인, 늙은이 _____

3 젊다 _____   4 결혼하다 _____

3 다음 중국어와 우리말의 뜻을 알맞게 연결해 보세요.

1 双胞胎 ·   ① 쌍둥이

2 出生 ·   ② 임신하다

3 怀孕 ·   ③ 태어나다

4 葬礼 ·   ④ 장례

---

1 1. tánliàn'ài / 연애하다 2. chéngrén / 어른, 성인 3. niánlíng / 나이, 연령 4. qùshì / 죽다 **2** 1. 孩子
2. 老人 3. 年轻 4. 结婚   **3** 1.① 2.③ 3.② 4.④

계절과 날씨

🎧 MP3를 들어보세요

晴天 qíngtiān
맑다

阴天 yīntiān
흐리다

下雨 xiàyǔ
비가 오다

下雪 xiàxuě
눈이 오다

刮风 guāfēng
바람이 불다

雾霾 wùmái
미세먼지

167

季节
jìjié

계절

HSK 3

你喜欢哪个 ✎ ?
Nǐ xǐhuan nǎ ge jìjié?
어떤 계절을 좋아해요?

168

春天
chūntiān

봄

我最喜欢 。
Wǒ zuì xǐhuan chūntiān.
나는 봄을 제일 좋아해.

169

夏天
xiàtiān

여름

今年 下了很多雨。
Jīnnián xiàtiān xià le hěn duō yǔ.
올해 여름에는 비가 많이 내렸어요.

170

秋天
qiūtiān

가을

还是 , 天气突然冷了。
Háishi qiūtiān, tiānqì tūrán lěng le.
아직 가을인데 날씨가 갑자기 추워졌어.

171

冬天
dōngtiān

겨울

我常常去滑雪。
Dōngtiān wǒ chángcháng qù huáxuě.
겨울에 나는 자주 스키를 타러 가.

172

天气
tiānqì

날씨

HSK 1

中国 怎么样?
Zhōngguó tiānqì zěnmeyàng?
중국 날씨는 어때요?

173

晴天
qíngtiān

맑은 날

听说明天也是 。
Tīngshuō míngtiān yě shì qíngtiān.
내일도 맑대요.

174

阴天
yīntiān

흐린 날

我不太喜欢 🖉 。
Wǒ bú tài xǐhuan yīntiān.
난 흐린 날을 별로 안 좋아해.

175

下雨
xiàyǔ

비가 내리다

HSK 1

明天 的话, 你不用来了。
Míngtiān xiàyǔ de huà, nǐ búyòng lái le.
내일 비가 내리면 올 필요 없어.

176

下雪
xiàxuě

눈이 내리다

了。
Xiàxuě le.
눈이 내린다.

177

刮风
guāfēng

바람이 불다

HSK 3

外边 吗?
Wàibian guāfēng ma?
밖에 바람 부나요?

178

雨伞
yǔsǎn

우산

你可以用我的 。
Nǐ kěyǐ yòng wǒ de yǔsǎn.
너 내 우산 써도 돼.

179

天气预报
tiānqìyùbào

일기예보

说今天下雨。
Tiānqìyùbào shuō jīntiān xiàyǔ.
일기예보에서 오늘 비가 내린대.

180

气温
qìwēn

기온

今天最高 达到32度。
Jīntiān zuìgāo qìwēn dádào sānshí èr dù.
오늘 최고기온이 32도래.

181

暖和
nuǎnhuo

따뜻하다

HSK 4

🖉 ＿＿＿＿＿ 起来了。
Nuǎnhuo qǐlái le.
따뜻해지기 시작하네.

182

热
rè

덥다

HSK 1

我不怕 ＿＿＿＿＿。
Wǒ bú pà rè.
난 더위를 타지 않아.

183

凉快
liángkuai

선선하다

HSK 4

天气 ＿＿＿＿＿，我去公园散步。
Tiānqì liángkuai, wǒ qù gōngyuán sànbù.
날씨가 선선해서 공원에 산책 가.

184

冷
lěng

춥다

HSK 1

越来越 ＿＿＿＿＿。
Yuèláiyuè lěng.
점점 추워진다.

185

干燥
gānzào

건조하다

HSK 5

最近我的脸特别 ＿＿＿＿＿。
Zuìjìn wǒ de liǎn tèbié gānzào.
요즘 얼굴이 유난히 건조해.

186

潮湿
cháoshī

습하다

HSK 5

今天又热又 ＿＿＿＿＿。
Jīntiān yòu rè yòu cháoshī.
오늘은 덥고 습합니다.

187

空气
kōngqì

공기

HSK 4

最近 ＿＿＿＿＿ 污染很严重。
Zuìjìn kōngqì wūrǎn hěn yánzhòng.
요즘 공기 오염이 심각합니다.

打雷 dǎléi	천둥 치다	口罩 kǒuzhào	마스크
打闪 dǎshǎn	번개 치다	冰雹 bīngbáo	우박
彩虹 cǎihóng	무지개	毛毛雨 máomaoyǔ	보슬비
台风 táifēng	태풍	雨衣 yǔyī	비옷
干旱 gānhàn	가뭄	雨靴 yǔxuē	장화, 레인부츠
地震 dìzhèn	지진	手套 shǒutào	장갑
洪水 hóngshuǐ	홍수	润手霜 rùnshǒushuāng	핸드크림
梅雨 méiyǔ	장마철	润肤霜 rùnfūshuāng	수분크림
全球变暖 quánqiúbiànnuǎn	지구 온난화	喷雾 pēnwù	미스트
闷热 mēnrè	무덥다	润唇膏 rùnchúngāo	립밤
沙尘暴 shāchénbào	황사 현상	面膜 miànmó	마스크팩
雾霾 wùmái	미세먼지	吸油纸 xīyóuzhǐ	기름종이

미니 테스트

단어 암기 동영상을 보면서 복습하세요

1 다음 중국어의 병음과 뜻을 적어 보세요.

1 夏天 _____ _____

2 下雨 _____ _____

3 刮风 _____ _____

4 凉快 _____ _____

2 다음 단어를 중국어로 써 보세요.

1 계절 _____   2 봄 _____

3 덥다 _____   4 춥다 _____

3 다음 중국어와 우리말의 뜻을 알맞게 연결해 보세요.

1 下雪 ·   · ① 건조하다

2 暖和 ·   · ② 우산

3 雨伞 ·   · ③ 눈이 내리다

4 干燥 ·   · ④ 따뜻하다

---

1 1. xiàtiān / 여름   2. xiàyǔ / 비가 내리다   3. guāfēng / 바람이 불다   4. liángkuai / 선선하다   **2** 1. 季节
2. 春天   3. 热   4. 冷   **3** 1. ③   2. ④   3. ②   4. ①

Day 10

공부 순서 □ MP3 듣기 ➡ □ 단어 암기 ➡ □ 예문 빈칸 채우기 ➡ □ 단어암기 동영상

동물과 식물

🎧 MP3를 들어보세요

狗 gǒu
개

猫 māo
고양이

鸡 jī
닭

牛 niú
소

马 mǎ
말

猪 zhū
돼지

| 188 ☐☐☐ | **动物**
dòngwù | 동물

HSK 1 | 你喜欢 ✎ ▒▒▒ 吗?
Nǐ xǐhuan dòngwù ma?
동물 좋아하세요? |

| 189 ☐☐☐ | **鸟**
niǎo | 새

HSK 3 | 树上有很多 ▒▒▒。
Shù shang yǒu hěn duō niǎo.
나무 위에 많은 새가 있어요. |

| 190 ☐☐☐ | **鱼**
yú | 물고기,
생선

HSK 2 | 我跟爸爸去钓 ▒▒▒。
Wǒ gēn bàba qù diào yú.
나는 아빠랑 낚시하러 가요. |

| 191 ☐☐☐ | **虫子**
chóngzi | 벌레 | 我讨厌 ▒▒▒▒▒。
Wǒ tǎoyàn chóngzi.
난 벌레가 싫어요. |

| 192 ☐☐☐ | **植物**
zhíwù | 식물

HSK 4 | 妈妈在阳台上养 ▒▒▒▒。
Māma zài yángtái shang yǎng zhíwù.
엄마는 베란다에서 식물을 길러요. |

| 193 ☐☐☐ | **自然**
zìrán | 자연

HSK 4 | 保护 ▒▒▒ 环境。
Bǎohù zìrán huánjìng.
자연환경을 보호하다. |

| 194 ☐☐☐ | **宠物**
chǒngwù | 반려동물

HSK 5 | 你养 ▒▒▒ 吗?
Nǐ yǎng chǒngwù ma?
반려동물을 키우세요? |

195

养
yǎng

키우다,
기르다

我想 ✎ 小狗。
Wǒ xiǎng yǎng xiǎogǒu.
나는 강아지를 키우고 싶어요.

196

飞
fēi

날다

鸟在天上 ___ 。
Niǎo zài tiān shang fēi.
새가 하늘을 날아요.

197

只
zhī

~마리

HSK 3

我养两 ___ 小狗。
Wǒ yǎng liǎng zhī xiǎogǒu.
나는 두 마리의 강아지를 키웁니다.

198

树
shù

나무

HSK 3

公园里有很多 ___ 。
Gōngyuán lǐ yǒu hěn duō shù.
공원에는 나무가 많이 있습니다.

199

叶子
yèzi

잎,
잎사귀

HSK 4

___ 开始长出来了。
Yèzi kāishǐ zhǎng chūlái le.
잎사귀가 나오기 시작했어요.

200

种
zhòng

심다

HSK 3

这是我自己 ___ 的树。
Zhè shì wǒ zìjǐ zhòng de shù.
이건 내가 직접 심은 나무야.

201

枯萎
kūwěi

마르다,
시들다

HSK 6

花 ✎ ___ 了。
Huā kūwěi le.
꽃이 시들었네.

202

□
□
□

开
kāi

(꽃이) 피다

HSK 1

天气暖和了。花都 ___ 了。

Tiānqì nuǎnhuo le. Huā dōu kāi le.

날씨가 따뜻해졌다. 꽃도 다 피었다.

203

□
□
□

彩虹
cǎihóng

무지개

HSK 5

你看, 出 ___ 了。

Nǐ kàn, chū cǎihóng le.

봐 봐, 무지개가 떴어.

204

□
□
□

落
luò

떨어지다,
(꽃잎이) 지다

叶子 ___ 下来了。

Yèzi luò xiàlái le.

나뭇잎이 떨어졌다.

205

□
□
□

山
shān

산

一到周末爸爸都去爬 ___ 。

Yí dào zhōumò bàba dōu qù páshān.

주말만 되면 아빠는 등산하러 가세요.

206

□
□
□

河
hé

강

长江是中国第一长 ___ 。

Chángjiāng shì Zhōngguó dìyī cháng hé.

장강은 중국에서 가장 긴 강이다.

207

□
□
□

森林
sēnlín

숲, 삼림

HSK 4

你去过 ___ 浴场吗?

Nǐ qùguo sēnlín yùchǎng ma?

삼림욕장에 가 본 적 있나요?

虎 hǔ	호랑이	蜂 fēng	벌
狮子 shīzi	사자	蚂蚁 mǎyǐ	개미
猴子 hóuzi	원숭이	蚊子 wénzi	모기
兔子 tùzi	토끼	蝴蝶 húdié	나비
熊 xióng	곰	苍蝇 cāngying	파리
熊猫 xióngmāo	판다	蜘蛛 zhīzhū	거미
大象 dàxiàng	코끼리	樱花 yīnghuā	벚꽃
狐狸 húli	여우	玫瑰花 méiguīhuā	장미
羊 yáng	양	迎春花 yíngchūnhuā	개나리
鸽子 gēzi	비둘기	杜鹃花 dùjuānhuā	진달래
乌鸦 wūyā	까마귀	蒲公英 púgōngyīng	민들레
燕子 yànzi	제비	向日葵 xiàngrìkuí	해바라기
麻雀 máquè	참새	百合 bǎihé	백합
鹦鹉 yīngwǔ	앵무새	菊花 júhuā	국화
秃鹫 tūjiù	독수리	仙人掌 xiānrénzhǎng	선인장

 미니 테스트

단어 암기 동영상을 보면서 복습하세요

1 다음 중국어의 병음과 뜻을 적어 보세요.

1 叶子 　　　　　　　　　　　

2 植物 　　　　　　　　　　　

3 动物 　　　　　　　　　　　

4 只 　　　　　　　　　　　

2 다음 단어를 중국어로 써 보세요.

1 자연 _____　　　　　2 산 _____

3 벌레 _____　　　　　4 강 _____

3 다음 중국어와 우리말의 뜻을 알맞게 연결해 보세요.

1 鸟　 ·　　　　　　① 새

2 落　 ·　　　　　　② 숲, 삼림

3 宠物 ·　　　　　　③ 떨어지다, (꽃잎이) 지다

4 森林 ·　　　　　　④ 반려동물

---

1 1. yèzi / 잎　2. zhíwù / 식물　3. dòngwù / 동물　4. zhǐ / ~마리　**2** 1. 自然　2. 山　3. 虫子
4. 河　**3** 1. ①　2. ③　3. ④　4. ②

우리 집

🎧 MP3를 들어보세요

窗户 chuānghu
창, 창문

房间 fángjiān
방

床 chuáng
침대

洗手间 xǐshǒujiān
화장실

阳台 yángtái
베란다

客厅 kètīng
거실

沙发 shāfā 소파

厨房 chúfáng
부엌

桌子 zhuōzi
테이블

门 mén
문

208

家
jiā

집, 가정,
집안

HSK 1

你 ✏️ 在哪儿?
Nǐ jiā zài nǎr?
집이 어디예요?

209

房子
fángzi

집, 건물

他在找 。
Tā zài zhǎo fángzi.
그는 집을 구하는 중이야.

210

公寓
gōngyù

아파트

HSK 5

这个 很贵。
Zhè ge gōngyù hěn guì.
이 아파트는 비싸.

211

住
zhù

살다,
머물다

HSK 1

我 在首尔。
Wǒ zhù zài Shǒu'ěr.
저는 서울에 살아요.

212

搬家
bānjiā

이사하다

我打算明年 。
Wǒ dǎsuàn míngnián bānjiā.
내년에 이사할 계획이야.

213

房东
fángdōng

집주인

HSK 4

我的 在国外。
Wǒ de fángdōng zài guówài.
우리 집 주인은 외국에 있어요.

214

押金
yājīn

보증금

HSK 5

得交 。
Děi jiāo yājīn.
보증금을 내야 합니다.

215

地址
dìzhǐ
주소

HSK 4

请告诉我那儿的 ✎ ____。
Qǐng gàosu wǒ nàr de dìzhǐ.
거기 주소를 알려 주세요.

216

厨房
chúfáng
부엌

HSK 4

我要很大的 ____。
Wǒ yào hěn dà de chúfáng.
큰 주방을 원해요.

217

洗手间
xǐshǒujiān
화장실

HSK 3

____ 在哪儿?
Xǐshǒujiān zài nǎr?
화장실이 어디예요?

218

客厅
kètīng
거실

HSK 4

他们在 ____ 聊天儿。
Tāmen zài kètīng liáotiānr.
그들은 거실에서 이야기를 나눈다.

219

房间
fángjiān
방

HSK 2

周末我要打扫 ____。
Zhōumò wǒ yào dǎsǎo fángjiān.
주말에 방 청소를 할 거야.

220

阳台
yángtái
베란다

HSK 5

____ 很宽敞。
Yángtái hěn kuānchǎng.
베란다가 꽤 넓어.

221

沙发
shāfā
소파

HSK 4

这个 ____ 又好看又便宜。
Zhè ge shāfā yòu hǎokàn yòu piányi.
이 소파는 예쁘기도 하고 저렴하기도 하다.

222			
☐ ☐ ☐	**床** chuáng	침대	

我想买一张 ✎ 。
Wǒ xiǎng mǎi yì zhāng chuáng.
침대 하나 사려고요.

223			
☐ ☐ ☐	**桌子** zhuōzi	테이블, 탁자	HSK 1

我家有一张 。
Wǒ jiā yǒu yì zhāng zhuōzi.
우리 집에는 탁자가 하나 있다.

224			
☐ ☐ ☐	**书架** shūjià	책장	HSK 5

上有很多书。
Shūjià shang yǒu hěn duō shū.
책장에 많은 책들이 있다.

225			
☐ ☐ ☐	**门** mén	문, 현관	HSK2

请开 。
Qǐng kāi mén.
문 열어 주세요.

226			
☐ ☐ ☐	**窗户** chuānghu	창, 창문	HSK 4

这儿没有 。
Zhèr méiyǒu chuānghu.
여기는 창문이 없어요.

227			
☐ ☐ ☐	**开** kāi	열다	HSK 1

门 着。
Mén kāi zhe.
문이 열려 있어요.

228			
☐ ☐ ☐	**关** guān	닫다	HSK 3

请把窗户 上。
Qǐng bǎ chuānghu guānshàng.
창문을 닫아 주세요.

房租 fángzū	집세, 월세	垃圾箱 lājīxiāng	쓰레기통
住宅 zhùzhái	주택	天花板 tiānhuābǎn	천장
商务楼 shāngwùlóu	오피스텔	电灯 diàndēng	전등
大厦 dàshà	빌딩, 고층 건물	家具 jiājù	가구
房地产 fángdìchǎn	부동산 (중개업소)	抽屉 chōuti	서랍
重建 chóngjiàn	리모델링	衣柜 yīguì	옷장
煤气 méiqì	가스	拖鞋 tuōxié	슬리퍼
水电 shuǐdiàn	수도와 전기	开关 kāiguān	스위치
车库 chēkù	주차장	窗帘 chuānglián	커튼
信箱 xìnxiāng	우편함	被子 bèizi	이불
楼梯 lóutī	계단	枕头 zhěntou	베개
地毯 dìtǎn	카펫	墙 qiáng	벽
地板 dìbǎn	바닥	门铃 ménlíng	초인종

미니 테스트

단어 암기 동영상을
보면서 복습하세요

1 다음 중국어의 병음과 뜻을 적어 보세요.

1 书架 _____ _____

2 地址 _____ _____

3 沙发 _____ _____

4 客厅 _____ _____

2 다음 단어를 중국어로 써 보세요.

1 살다, 머물다 _____

2 테이블, 탁자 _____

3 열다 _____

4 문, 현관 _____

3 다음 중국어와 우리말의 뜻을 알맞게 연결해 보세요.

1 搬家 ·   ① 창문

2 关 ·   ② 닫다

3 窗户 ·   ③ 베란다

4 阳台 ·   ④ 이사하다

---

1 1. shūjià / 책장 2. dìzhǐ / 주소 3. shāfā / 소파 4. kètīng / 거실   **2** 1. 住 2. 桌子 3. 开 4. 门
3 1. ④ 2. ② 3. ① 4. ③

식생활

🎧 MP3를 들어보세요

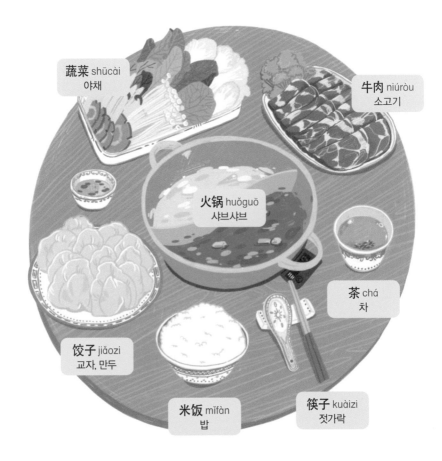

蔬菜 shūcài
야채

牛肉 niúròu
소고기

火锅 huǒguō
샤브샤브

茶 chá
차

饺子 jiǎozi
교자, 만두

米饭 mǐfàn
밥

筷子 kuàizi
젓가락

229 米饭 mǐfàn	밥 HSK 1	再来一碗 🖉 。 Zài lái yì wǎn mǐfàn. 밥 한 공기 더 주세요.
230 面条 miàntiáo	면, 국수 HSK 2	我不太喜欢吃 。 Wǒ bú tài xǐhuan chī miàntiáo. 난 면을 별로 안 좋아해.
231 面包 miànbāo	빵 HSK 3	早上我常常吃 。 Zǎoshang wǒ chángcháng chī miànbāo. 아침에 난 자주 빵을 먹어.
232 菜 cài	음식 HSK 1	他特别喜欢吃韩国 。 Tā tèbié xǐhuan chī Hánguó cài. 그는 유난히 한국 음식을 좋아해요.
233 筷子 kuàizi	젓가락 HSK 3	你会用 吗? Nǐ huì yòng kuàizi ma? 젓가락 사용할 줄 알아요?
234 饺子 jiǎozi	교자, 만두 HSK 4	那家的 非常好吃。 Nà jiā de jiǎozi fēicháng hǎochī. 저 집 만두 정말 맛있어.
235 火锅 huǒguō	샤브샤브	我们吃 ,怎么样? Wǒmen chī huǒguō, zěnmeyàng? 우리 샤브샤브 먹는 거 어때?

236

汤
tāng

탕, 국

HSK 4

你吃过韩国的大酱 🖉 吗?
Nǐ chī guo Hánguó de dàjiàngtāng ma?
한국 된장찌개를 먹어 봤나요?

237

粥
zhōu

죽

HSK 6

喝点儿 吧。
Hē diǎnr zhōu ba.
죽을 좀 마셔 봐.

238

鸡蛋
jīdàn

계란

HSK 2

我去超市买 。
Wǒ qù chāoshì mǎi jīdàn.
마트에 계란 사러 가요.

239

牛肉
niúròu

소고기

我还没吃过 面。
Wǒ hái méi chī guo niúròu miàn.
난 아직 소고기 면을 안 먹어 봤어.

240

蔬菜
shūcài

야채, 채소

HSK 5

对身体好。
Shūcài duì shēntǐ hǎo.
야채는 몸에 좋아.

241

水果
shuǐguǒ

과일

HSK 1

这儿的 很新鲜。
Zhèr de shuǐguǒ hěn xīnxiān.
여기 과일 꽤 신선해.

242

矿泉水
kuàngquánshuǐ

생수

HSK 4

还要一瓶 。
Háiyào yì píng kuàngquánshuǐ.
생수 한 병도 주세요.

243

餐巾纸
cānjīnzhǐ

냅킨

服务员, 请给我 ✎　　　　　　。
Fúwùyuán, qǐng gěi wǒ cānjīnzhǐ.

저기요, 냅킨 좀 주세요.

★ 服务员 fúwùyuán 종업원(종업원을 부를 때도 씀)

244

尝
cháng

맛보다

HSK 4

这个蛋糕, 你　　　　尝。
Zhè ge dàngāo, nǐ chángchang.

이 케이크, 너 좀 먹어 봐.

★ 尝尝 chángchang 맛보다, 시식하다

245

茶
chá

차

HSK 1

请喝　　　　。
Qǐng hē chá.

차 드세요.

246

放
fàng

넣다

HSK3

要　　　糖吗?
Yào fàng táng ma?

설탕 넣을까요?

247

炒
chǎo

볶다

HSK 5

我会做　　　饭。
Wǒ huì zuò chǎofàn.

볶음밥을 만들 줄 알아요.

248

味道
wèidao

맛

HSK 4

　　　　　怎么样?
Wèidao zěnmeyàng?

맛이 어때요?

249

打包
dǎbāo

테이크아웃하다,
포장하다

HSK 6

　　　　　还是在这儿吃?
Dǎbāo háishi zài zhèr chī?

테이크아웃이에요, 아니면 여기서 드세요?

과일

苹果 píngguǒ 사과	梨子 lízi 배	桃子 táozi 복숭아	西瓜 xīguā 수박
草莓 cǎoméi 딸기	橘子 júzi 귤	葡萄 pútáo 포도	香蕉 xiāngjiāo 바나나
菠萝 bōluó 파인애플	橙子 chéngzi 오렌지	芒果 mángguǒ 망고	榴莲 liúlián 두리안

채소

土豆 tǔdòu 감자	洋葱 yángcōng 양파	胡萝卜 húluóbo 당근	白菜 báicài 배추
黄瓜 huángguā 오이	辣椒 làjiāo 고추	蒜 suàn 마늘	葱 cōng 파
南瓜 nánguā 호박	蘑菇 mógu 버섯	萝卜 luóbo 무	番茄 fānqié 토마토
卷心菜 juǎnxīncài 양배추	茄子 qiézi 가지	油菜 yóucài 청경채	香菜 xiāngcài 향채, 고수풀

해산물

金枪鱼 jīnqiāngyú 참치	**鲑鱼** guīyú 연어	**青花鱼** qīnghuāyú 고등어	**偏口鱼** piānkǒuyú 광어
鳗鱼 mányú 장어	**螃蟹** pángxiè 게	**龙虾** lóngxiā 바닷가재	**虾** xiā 새우
鱿鱼 yóuyú 오징어	**章鱼** zhāngyú 문어, 낙지	**紫菜** zǐcài 김	**海参** hǎishēn 해삼

음료, 주류

牛奶 niúnǎi 우유	**咖啡** kāfēi 커피	**果汁** guǒzhī 주스	**可乐** kělè 콜라
啤酒 píjiǔ 맥주	**红酒** hóngjiǔ 와인	**烧酒** shāojiǔ 소주	**白酒** báijiǔ 백주(중국 술)

饮料 yǐnliào	마실 것, 음료	叉子 chāzi	포크
材料 cáiliào	재료	餐刀 cāndāo	나이프
做菜 zuòcài	요리를 만들다	勺子 sháozi	수저
煮 zhǔ	삶다, 끓이다	调料 tiáoliào	조미료
烤 kǎo	굽다	食油 shíyóu	식용유
蒸 zhēng	찌다	糖 táng	설탕
搅 jiǎo	휘젓다	盐 yán	소금
碗 wǎn	밥공기	醋 cù	식초
锅 guō	냄비	胡椒 hújiāo	후추
煎锅 jiānguō	프라이팬	辣油 làyóu	고추기름
壶 hú	주전자	酱油 jiàngyóu	간장

Tip 맛에 대한 표현

好吃 hǎochī	맛있다	咸 xián	짜다
酸 suān	시다	淡 dàn	싱겁다
甜 tián	달다	清淡 qīngdàn	담백하다
苦 kǔ	쓰다	油腻 yóunì	느끼하다
辣 là	맵다	可口 kěkǒu	맛있다

1 다음 중국어의 병음과 뜻을 적어 보세요.

1 面条 _____ _____

2 牛肉 _____ _____

3 茶 _____ _____

4 粥 _____ _____

2 다음 단어를 중국어로 써 보세요.

1 맛보다 _____   2 밥 _____

3 빵 _____   4 맛 _____

3 다음 중국어와 우리말의 뜻을 알맞게 연결해 보세요.

1 火锅 ·   ① 계란

2 矿泉水 ·   ② 교자, 만두

3 鸡蛋 ·   ③ 샤브샤브

4 饺子 ·   ④ 생수

1 1. miàntiáo / 면, 국수 2. niúròu / 소고기 3. chá / 차 4. zhōu / 죽   **2** 1. 尝 2. 米饭 3. 面包
4. 味道   **3** 1. ③ 2. ④ 3. ① 4. ②

의복과 미용

🎧 MP3를 들어보세요

帽子 màozi
모자

眼镜 yǎnjìng
안경

领带 lǐngdài
넥타이

手表 shǒubiǎo
손목시계

夹克 jiākè
재킷, 점퍼

挎包 kuàbāo
가방

裤子 kùzi
바지

皮鞋 píxié
구두

250	**衣服**		我在网上买 ✎ 。
	yīfu	옷	Wǒ zài wǎngshàng mǎi yīfu.
		HSK 1	나는 인터넷으로 옷을 사요.

251	**穿**		多 衣服吧。外边很冷。
	chuān	입다, 신다	Duō chuān yīfu ba. Wàibian hěn lěng.
		HSK 2	옷 더 입어요. 밖이 추워요.

252	**脱**		请把帽子 下来吧。
	tuō	벗다	Qǐng bǎ màozi tuō xiàlái ba.
		HSK 4	모자를 벗어 주세요.

253	**裤子**		你的 是在哪儿买的?
	kùzi	바지	Nǐ de kùzi shì zài nǎr mǎi de?
		HSK 3	너 바지 어디에서 샀어?

254	**牛仔裤**		我买了两条 。
	niúzǎikù	청바지	Wǒ mǎi le liǎng tiáo niúzǎikù.
		HSK 5	나는 청바지를 두 벌 샀다.

255	**裙子**		我偶尔穿 。
	qúnzi	치마	Wǒ ǒu'ěr chuān qúnzi.
		HSK 3	치마를 가끔 입어.

256	**连衣裙**		她穿着 。
	liányīqún	원피스	Tā chuān zhe liányīqún.
			그녀는 원피스를 입고 있다.

257
□
□ **衬衫**
□ chènshān 셔츠

HSK 3

这件 ✏ 多少钱?
Zhè jiàn chènshān duōshao qián?
이 셔츠 얼마예요?

258
□
□ **试** 입어 보다,
□ shì 시도해 보다

HSK 3

可以 试吗?
Kěyǐ shìshi ma?
입어 봐도 돼요?
★ 试试 shìshi 한번 해보다

259
□
□ **鞋**
□ xié 신발

你穿多大号的 ?
Nǐ chuān duōdà hào de xié?
신발 사이즈 몇 신어요?

260
□
□ **运动鞋**
□ yùndòngxié 운동화

想买 还是皮鞋?
Xiǎng mǎi yùndòngxié háishi píxié?
운동화 사고 싶어요, 아니면 구두 사고 싶어요?

261
□
□ **皮鞋**
□ píxié 구두

HSK 3

那家的 质量很好。
Nà jiā de píxié zhìliàng hěn hǎo.
저 가게의 구두 품질이 좋다.

Tip
색깔 표현

白色 báisè	하양	蓝色 lánsè	파랑	棕色 zōngsè	갈색
黑色 hēisè	검정	紫色 zǐsè	보라	灰色 huīsè	회색
红色 hóngsè	빨강	粉红色 fěnhóngsè	핑크	金色 jīnsè	금색
绿色 lǜsè	초록	黄色 huángsè	노랑	银色 yínsè	은색

262

☐☐☐ **内衣**
nèiyī

속옷, 내의ㆍ

　　　　正在打折。
Nèiyī zhèngzài dǎzhé.
속옷은 지금 세일 중이다.

263

☐☐☐ **袜子**
wàzi

양말

HSK 4

这双　　　　太可爱了。
Zhè shuāng wàzi tài kě'ài le.
이 양말 너무 귀엽다.

264

☐☐☐ **紧**
jǐn

꽉 끼다,
헐렁하지 않다

不肥不　　　，正好。
Bù féi bù jǐn, zhènghǎo.
헐렁하지도 않고 꽉 끼지도 않고, 딱 맞아요.

265

☐☐☐ **肥**
féi

헐렁하다

有点儿　　　，有没有别的?
Yǒudiǎnr féi, yǒuméiyǒu bié de?
좀 헐렁한데, 다른 거 있나요?

266

☐☐☐ **手提包**
shǒutíbāo

핸드백

你的　　　　看起来很贵。
Nǐ de shǒutíbāo kànqǐlái hěn guì.
너 핸드백 비싸 보인다.

267

☐☐☐ **钱包**
qiánbāo

지갑

我的　　　被偷了。
Wǒ de qiánbāo bèi tōu le.
지갑을 소매치기 당했어요.

268

☐☐☐ **戴**
dài

(반지ㆍ시계ㆍ장갑을)
끼다, 차다

HSK 4

她　　　的耳环是什么牌子的?
Tā dài de ěrhuán shì shénme páizi de?
그녀가 한 귀걸이는 어느 브랜드의 것이죠?

269

☐
☐
☐
眼镜
yǎnjìng

안경

HSK 4

帮我找我的 ✎ _____ 吧。

Bāng wǒ zhǎo wǒ de yǎnjìng ba.

내 안경 찾는 것 좀 도와줘.

270

☐
☐
☐
手表
shǒubiǎo

손목시계

HSK 2

我想买 _____ 。

Wǒ xiǎng mǎi shǒubiǎo.

나는 손목시계를 사고 싶어.

271

☐
☐
☐
化妆品
huàzhuāngpǐn

화장품

送她 _____ , 怎么样?

Sòng tā huàzhuāngpǐn, zěnmeyàng?

그녀에게 화장품을 선물하는 건 어떨까?

Tip
화장품
- -

化妆水 huàzhuāngshuǐ	스킨	**唇膏** chúngāo /	립스틱
乳液 rǔyè	로션	**口红** kǒuhóng	
粉饼 fěnbǐng	파우더	**香水** xiāngshuǐ	향수
粉底液 fěndǐyè	파운데이션	**指甲油** zhǐjiayóu	매니큐어
腮红 sāihóng	볼터치	**眼影** yǎnyǐng	아이섀도
睫毛膏 jiémáogāo	마스카라		

T恤衫 T xùshān 티셔츠	毛衣 máoyī 스웨터	连衣裙 liányīqún 원피스	裤子 kùzi 바지
裙子 qúnzi 치마	西装 xīzhuāng 양복	运动服 yùndòngfú 운동복	衬衫 chènshān 셔츠
女衬衣 nǚchènyī 블라우스	背心 bèixīn 조끼	夹克 jiākè 재킷, 점퍼	大衣 dàyī 코트
羽绒服 yǔróngfú 다운재킷	风衣 fēngyī 바바리코트	游泳衣 yóuyǒngyī 수영복	旗袍 qípáo 치파오
睡袍 shuìpáo 잠옷	内衣 nèiyī 속옷	内裤 nèikù 팬티	胸罩 xiōngzhào 브래지어
袜子 wàzi 양말	丝袜 sīwà 스타킹		

男装 nánzhuāng	신사복	
女装 nǚzhuāng	여성복	
口袋 kǒudai	주머니	
领带 lǐngdài	넥타이	
帽子 màozi	모자	
围巾 wéijīn	스카프, 목도리	
太阳镜 tàiyángjìng	선글라스	
耳环 ěrhuán	귀걸이	
项链 xiàngliàn	목걸이	
手链 shǒuliàn	팔찌	
胸针 xiōngzhēn	브로치	

戒指 jièzhi	반지
腰带 yāodài	벨트, 띠
手套 shǒutào	장갑
手绢 shǒujuàn	손수건
扣子 kòuzi	단추
拉链 lāliàn	지퍼
凉鞋 liángxié	샌들
高跟鞋 gāogēnxié	하이힐
靴子 xuēzi	부츠
雨鞋 yǔxié	장화

1 다음 중국어의 병음과 뜻을 적어 보세요.

1 衣服 _____ _____

2 试 _____ _____

3 肥 _____ _____

4 手表 _____ _____

2 다음 단어를 중국어로 써 보세요.

1 바지 _____   2 치마 _____

3 구두 _____   4 양말 _____

3 다음 중국어와 우리말의 뜻을 알맞게 연결해 보세요.

1 内衣 ·   ① 속옷, 내의

2 戴 ·   ② 핸드백

3 手提包 ·   ③ (반지·시계·장갑을) 끼다, 차다

4 紧 ·   ④ 꽉 끼다, 헐렁하지 않다

1 1. yīfu / 옷   2. shì / 입어 보다, 시도해 보다   3. féi / 헐렁하다   4. shǒubiǎo / 손목시계   **2** 1. 裤子   2. 裙子
3. 皮鞋   4. 袜子   **3** 1. ①   2. ③   3. ②   4. ④

쇼핑

🎧 MP3를 들어보세요

百货商店 bǎihuò shāngdiàn
백화점

市场 shìchǎng
시장

商店 shāngdiàn
상점, 매장

钱 qián
돈

打折 dǎzhé
세일하다

买东西 mǎi dōngxi
쇼핑하다

272 ☐ ☐ ☐	**买** mǎi	사다, 구입하다 HSK 1	您要 ✎ ___ 什么? Nín yào mǎi shénme? 무엇을 찾으세요?
273 ☐ ☐ ☐	**东西** dōngxi	물건, (먹을) 것 HSK 1	我们先吃点儿 ___ 吧。 Wǒmen xiān chī diǎnr dōngxi ba. 우리 먼저 뭐 좀 먹자.
274 ☐ ☐ ☐	**买东西** mǎi dōngxi	쇼핑하다	你一般在哪儿 ___ ? Nǐ yìbān zài nǎr mǎi dōngxi? 너 보통 어디서 쇼핑해?
275 ☐ ☐ ☐	**钱** qián	돈 HSK 1	___ 不够, 我买不起。 Qián búgòu, wǒ mǎibuqǐ. 돈이 부족해서 살 수가 없네요.
276 ☐ ☐ ☐	**要** yào	원하다 HSK 2	还 ___ 别的吗? Hái yào biéde ma? 또 다른 거 원하세요?
277 ☐ ☐ ☐	**多少钱** duōshao qián	얼마입니까?	这个 ___ ? Zhè ge duōshao qián? 이거 얼마예요?
278 ☐ ☐ ☐	**块** kuài	원 (중국 화폐 단위)	三 ___ 一斤。 Sān kuài yì jīn. 한 근에 3원입니다. ★ 元 yuán 块와 같은 돈의 단위(구어에서는 块를 주로 씀)

279

□
□
□ **一共**
yígòng

전부, 모두

🖊 多少钱?
Yígòng duōshao qián?
전부 얼마예요?

280

□
□
□ **交**
jiāo

건네다

在哪儿 钱?
Zài nǎr jiāo qián?
어디에서 계산해요?

281

□
□
□ **找**
zhǎo

거슬러 주다

您三十块。
Zhǎo nín sānshí kuài.
30원 거슬러 드릴게요.

282

□
□
□ **刷卡**
shuākǎ

카드로 계산하다

可以 吗?
Kěyǐ shuākǎ ma?
카드 계산 되나요?

283

□
□
□ **价钱**
jiàqián

값, 가격

很便宜。
Jiàqián hěn piányi.
가격이 저렴해요.

284

□
□
□ **便宜**
piányi

(값이) 싸다

又 又好看。
Yòu piányi yòu hǎokàn.
싸기도 하고 예쁘기도 해요.

285

□
□
□ **贵**
guì

(값이)
비싸다, 높다

太 了, 便宜点儿吧。
Tài guì le, piányi diǎnr ba.
너무 비싸요. 좀 싸게 해 주세요.

286

逛街
guàngjiē

아이쇼핑 하다, 거리를 거닐다

一到周末, 我就去 🖉_____。
Yí dào zhōumò, wǒ jiù qù guàngjiē.
주말이 되기만 하면 나는 아이쇼핑 하러 간다.

287

商店
shāngdiàn

상점, 매장

HSK 1

那家_____的衣服很好看。
Nà jiā shāngdiàn de yīfu hěn hǎokàn.
저 상점의 옷이 예뻐.

288

百货商店
bǎihuò shāngdiàn

백화점

这是在_____买的。
Zhè shì zài bǎihuò shāngdiàn mǎi de.
이건 백화점에서 산 거야.

289

市场
shìchǎng

시장

HSK 5

我想去_____买衣服。
Wǒ xiǎng qù shìchǎng mǎi yīfu.
시장에 가서 옷을 사려고 해.

290

打折
dǎzhé

세일하다

HSK 4

全场____5____!
Quán chǎng dǎ wǔ zhé!
전부 50% 세일!

291

换
huàn

바꾸다, 교환하다

HSK 3

我们先去_____衣服吧。
Wǒmen xiān qù huàn yīfu ba.
우리 먼저 옷 바꾸러 가자.

플러스 단어

减价 jiǎnjià	할인	新商品 xīnshāngpǐn	신상품
特价 tèjià	특가	保证书 bǎozhèngshū	보증서
店员 diànyuán	점원	正品 zhèngpǐn	진품
看得上 kàndeshàng	마음에 들다	假货 jiǎhuò	모조품, 짝퉁
现金 xiànjīn	현금	礼物 lǐwù	선물
信用卡 xìnyòngkǎ	신용카드	包装 bāozhuāng	포장하다
收银台 shōuyíntái	계산대	讨价还价 tǎojiàhuánjià	흥정하다
优惠券 yōuhuìquàn	쿠폰	退货 tuìhuò	반품
电梯 diàntī	엘리베이터	退还 tuìhuán	반환
电动扶梯 diàndòngfútī	에스컬레이터	退钱 tuìqián	환불
购物车 gòuwùchē	쇼핑 카트	免费 miǎnfèi	공짜

Tip 가전제품

电视 diànshì	텔레비전	电饭锅 diànfànguō	전기밥솥
吸尘器 xīchénqì	청소기	微波炉 wēibōlú	전자레인지
洗衣机 xǐyījī	세탁기	空调 kōngtiáo	에어컨
冰箱 bīngxiāng	냉장고	电扇 diànshàn	선풍기

1 다음 중국어의 병음과 뜻을 적어 보세요.

1 商店 _____ _____

2 买 _____ _____

3 便宜 _____ _____

4 一共 _____ _____

2 다음 단어를 중국어로 써 보세요.

1 원하다 _____   2 얼마예요? _____

3 거슬러 주다 _____   4 백화점 _____

3 다음 중국어와 우리말의 뜻을 알맞게 연결해 보세요.

1 价钱 ·   ① 아이쇼핑 하다, 거리를 거닐다

2 打折 ·   ② 시장

3 逛街 ·   ③ 값, 가격

4 市场 ·   ④ 세일하다

---

1 1. shāngdiàn / 상점, 매장 2. mǎi / 사다, 구입하다 3. piányi / (값이) 싸다 4. yígòng / 전부, 모두 **2** 1. 要
2. 多少钱 3. 找 4. 百货商店 **3** 1. ③ 2. ④ 3. ① 4. ②

교통 · 도로

🎧 MP3를 들어보세요

汽车 qìchē
자동차

公共汽车 gōnggòngqìchē
버스

地铁 dìtiě
전철

自行车 zìxíngchē
자전거

飞机 fēijī
비행기

船 chuán
배

292

☐
☐
☐

交通
jiāotōng

교통

HSK 4

上海的 ✎ ▓▓▓▓ 很方便。

Shànghǎi de jiāotōng hěn fāngbiàn.

상하이의 교통은 편리하다.

293

☐
☐
☐

汽车
qìchē

자동차

我一坐 ▓▓▓▓ 就晕。

Wǒ yí zuò qìchē jiù yūn.

난 차를 타기만 하면 멀미해.

294

☐
☐
☐

坐
zuò

(버스·지하철을) 타다,
탑승하다, 앉다

HSK 1

▓▓▓▓ 几路车?

Zuò jǐ lù chē?

몇 번 버스 타요?

295

☐
☐
☐

公共汽车
gōnggòngqìchē

버스

HSK 2

我不常坐 ▓▓▓▓。

Wǒ bù cháng zuò gōnggòngqìchē.

난 버스를 자주 타지 않아.

296

☐
☐
☐

地铁
dìtiě

지하철

HSK 3

我常常坐 ▓▓▓▓。

Wǒ chángcháng zuò dìtiě.

나는 지하철을 자주 탑니다.

297

☐
☐
☐

出租(汽)车
chūzū(qì)chē

택시

HSK 1

我们坐 ▓▓▓▓ 去吧。

Wǒmen zuò chūzūchē qù ba.

우리 택시 타고 가자.

298

☐
☐
☐

骑
qí

(자전거·오토바이를)
타다

HSK 3

我是 ▓▓▓▓ 摩托车来的。

Wǒ shì qí mótuōchē lái de.

나 오토바이 타고 왔어.

299

自行车
zìxíngchē

자전거

你的 ✎ 是什么颜色的?
Nǐ de zìxíngchē shì shénme yánsè de?
네 자전거는 무슨 색이야?

300

近
jìn

가깝다

离这儿很 .
Lí zhèr hěn jìn.
여기서 가까워.

301

远
yuǎn

멀다

不太 .
Bú tài yuǎn.
멀지 않아.

302

快
kuài

빠르다

飞机比火车 .
Fēijī bǐ huǒchē kuài.
비행기가 기차보다 빠르지.

303

慢
màn

느리다

我走得很 .
Wǒ zǒu de hěn màn.
난 느리게 걸어.

304

要
yào

(시간·비용 등이)
걸리다, 들다

多长时间?
Yào duō cháng shíjiān?
(시간이) 얼마나 걸려요?

305

站
zhàn

역, 정류장

这儿附近有地铁 吗?
Zhèr fùjìn yǒu dìtiě zhàn ma?
이 근처에 지하철역이 있나요?

306		
☐☐☐ **下站** xià zhàn	다음 역	✎ ▨▨▨▨ 是北京站。 Xià zhàn shì Běijīng zhàn. 다음 역은 베이징역입니다.

307		
☐☐☐ **在** zài	~에서 HSK 1	▨▨▨▨ 三号出口见吧。 Zài sān hào chūkǒu jiàn ba. 3번 출구에서 만나자.

308		
☐☐☐ **十字路口** shízìlùkǒu	사거리, 교차점	在 ▨▨▨▨ 过马路就到。 Zài shízìlùkǒu guò mǎlù jiù dào. 사거리에서 길을 건너면 바로예요.

309		
☐☐☐ **红绿灯** hónglǜdēng	신호, 신호등	这条路上没有 ▨▨▨▨。 Zhè tiáo lù shang méiyǒu hónglǜdēng. 이 길에는 신호등이 없다.

310		
☐☐☐ **过马路** guò mǎlù	길을 건너다	在这儿不可以 ▨▨▨▨。 Zài zhèr bù kěyǐ guò mǎlù. 여기서 길을 건너면 안 됩니다.

311		
☐☐☐ **走** zǒu	걷다 HSK 2	我一般 ▨▨▨▨ 着上班。 Wǒ yìbān zǒu zhe shàngbān. 보통 걸어서 출근해요.

312		
☐☐☐ **跑** pǎo	달리다, 뛰다	为了减肥，我 ▨▨▨▨ 着回家。 Wèile jiǎnféi, wǒ pǎo zhe huí jiā. 다이어트를 위해 나는 뛰어서 집에 간다.

313

拐
guǎi

구부러지다,
방향을 돌다

先过马路, 然后往右 ✎ 。
Xiān guò mǎlù, ránhòu wǎng yòu guǎi.
먼저 길을 건넌 후 오른쪽으로 돌아요.

314

停
tíng

멈추다,
세우다

HSK 4

师傅, 请在这儿 车。
Shīfu, qǐng zài zhèr tíng chē.
기사님, 여기서 세워 주세요.

315

换车
huànchē

갈아타다,
환승하다

HSK 3

不用 。
Búyòng huànchē.
환승할 필요 없어요.

316

下车
xiàchē

(차에서) 내리다,
하차하다

在江南站 就到。
Zài Jiāngnán zhàn xiàchē jiù dào.
강남역에서 내리면 곧 도착이야.

317

地图
dìtú

지도

HSK 3

你也用百度 吧。
Nǐ yě yòng Bǎidù dìtú ba.
너도 바이두 지도를 써 봐.

318

请问
qǐngwèn

말씀 좀
묻겠습니다

, 火车站怎么走?
Qǐngwèn, huǒchēzhàn zěnme zǒu?
실례합니다만, 기차역은 어떻게 가죠?

汽车
qìchē
자동차

公共汽车
gōnggòngqìchē
버스

出租(汽)车
chūzū(qì)chē
택시

地铁
dìtiě
전철

火车
huǒchē
기차

船
chuán
배

飞机
fēijī
비행기

直升机
zhíshēngjī
헬리콥터

自行车
zìxíngchē
자전거

摩托车
mótuōchē
오토바이

消防车
xiāofángchē
소방차

救护车
jiùhùchē
구급차

卡车
kǎchē
트럭

플러스 단어

道路 dàolù	도로		车站 chēzhàn	정류장
天桥 tiānqiáo	육교		迷路 mílù	길을 잃다
隧道 suìdào	터널		路线图 lùxiàntú	노선도
死胡同 sǐhútòng	막다른 골목		堵车 dǔchē	차가 막히다
问路 wènlù	길을 묻다		检票口 jiǎnpiàokǒu	개찰구
高速公路 gāosùgōnglù	고속도로		入口 rùkǒu	입구
高峰时间 gāofēngshíjiān	러시아워		出口 chūkǒu	출구
交通事故 jiāotōngshìgù	교통사고		车票 chēpiào	차표
车费 chēfèi	차비		末班车 mòbānchē	막차
司机 sījī	기사		直快 zhíkuài	급행 열차
按键 ànjiàn	벨, 버튼		特快 tèkuài	특급 열차
起价 qǐjià	(택시) 기본요금		卧铺 wòpù	침대칸
空车 kōngchē	빈 차		站票 zhànpiào	입석표, 입석권

미니 테스트

단어 암기 동영상을
보면서 복습하세요

1 다음 중국어의 병음과 뜻을 적어 보세요.

1 交通 _____ _____

2 出租(汽)车 _____ _____

3 过马路 _____ _____

4 请问 _____ _____

2 다음 단어를 중국어로 써 보세요.

1 (버스·지하철을) 타다 _____   2 (자전거·오토바이를) 타다 _____

3 버스 _____   4 지하철 _____

3 다음 중국어와 우리말의 뜻을 알맞게 연결해 보세요.

1 拐 ·   · ① 신호등

2 红绿灯 ·   · ② 다음 역

3 下站 ·   · ③ 갈아타다, 환승하다

4 换车 ·   · ④ 구부러지다, 방향을 돌다

---

1 1. jiāotōng / 교통 2. chūzū(qì)chē / 택시 3. guò mǎlù / 길을 건너다 4. qǐngwèn / 말씀 좀 묻겠습니다
2 1. 坐 2. 骑 3. 公共汽车 4. 地铁 **3** 1. ④ 2. ① 3. ② 4. ③

은행, 우체국, 마트에서

🎧 MP3를 들어보세요

银行 yínháng
은행

邮局 yóujú
우체국

超市 chāoshì
마트

自动取款机 zìdòngqǔkuǎnjī
ATM

包裹 bāoguǒ
소포

会员卡 huìyuánkǎ
회원 카드

319

银行
yínháng

은행

HSK 3

我要去 ✎ ⬚⬚⬚ 换钱。
Wǒ yào qù yínháng huànqián.
은행에 가서 환전하려고요.

320

柜台
guìtái

창구

HSK 5

办卡请到综合 ⬚⬚⬚ 办理。
Bàn kǎ qǐng dào zōnghé guìtái bànlǐ.
카드 업무는 종합 창구로 가 주세요.

321

存折
cúnzhé

통장

我想办个 ⬚⬚⬚ 。
Wǒ xiǎng bàn ge cúnzhé.
통장을 만들고 싶습니다.

322

签名
qiānmíng

사인하다,
서명하다

请在这儿 ⬚⬚⬚ 。
Qǐng zài zhèr qiānmíng.
여기에 서명해 주세요.

323

顺序
shùnxù

순번, 차례

HSK 4

请按照 ⬚⬚⬚ 等候。
Qǐng ànzhào shùnxù děnghòu.
순서를 기다려 주세요.

324

汇率
huìlǜ

환율

HSK 5

今天的 ⬚⬚⬚ 是多少?
Jīntiān de huìlǜ shì duōshao?
오늘 환율은 어떻게 되죠?

325

取款
qǔkuǎn

(예금 등을)
찾다, 인출하다

我去银行 ⬚⬚⬚ 。
Wǒ qù yínháng qǔkuǎn.
은행에 돈 찾으러 가요.

326

帐号
zhànghào

계좌번호

你的 ✎ 是多少?
Nǐ de zhànghào shì duōshao?
계좌번호가 몇 번이죠?

327

换钱
huànqián

환전하다

我想　　　　。
Wǒ xiǎng huànqián.
환전하고 싶어요.

328

汇款
huìkuǎn

송금하다

明天我给你　　　　吧。
Míngtiān wǒ gěi nǐ huìkuǎn ba.
내일 계좌로 송금할게요.

329

存钱
cúnqián

예금하다

您每个月　　　　多少　　　　?
Nín měi ge yuè cún duōshao qián?
매달 얼마씩 예금하실 거예요?

330

信用卡
xìnyòngkǎ

신용카드

HSK 3

丢了　　　　, 怎么办?
Diū le xìnyòngkǎ, zěnme bàn?
신용카드를 분실했는데, 어떡하죠?

331

上涨
shàngzhǎng

(물가 등이)
오르다

物价　　　　了。
Wùjià shàngzhǎng le.
물가가 올랐어요.

332

下跌
xiàdiē

(가치 등이)
떨어지다

汇率　　　　了。
Huìlù xiàdiē le.
환율이 떨어졌다.

333	邮局	우체국	
☐ ☐ ☐	yóujú		HSK 4

最近不常去 ✏️ **[   ]** 。
Zuìjìn bù cháng qù yóujú.
요즘 우체국에 자주 안 갑니다.

334	信	편지
☐ ☐ ☐	xìn	

我在给爱人写 **[   ]** 。
Wǒ zài gěi àiren xiě xìn.
아내에게 편지 쓰는 중이야.

335	邮票	우표
☐ ☐ ☐	yóupiào	

在哪儿卖 **[   ]** ?
Zài nǎr mài yóupiào?
우표 어디서 팔아요?

336	贴	붙이다
☐ ☐ ☐	tiē	

请在这儿 **[   ]** 。
Qǐng zài zhèr tiē.
여기에 붙여 주세요.

337	明信片	엽서
☐ ☐ ☐	míngxìnpiàn	

这是在上海买的 **[   ]** 。
Zhè shì zài Shànghǎi mǎi de míngxìnpiàn.
이건 상하이에서 산 엽서야.

338	信封	봉투	
☐ ☐ ☐	xìnfēng		HSK 4

多买点儿 **[   ]** , 怎么样?
Duō mǎi diǎnr xìnfēng, zěnmeyàng?
봉투를 좀 더 많이 사는 게 어때요?

339	到	(보낸 것이) 도착하다	
☐ ☐ ☐	dào		HSK 2

什么时候 **[   ]** ?
Shénme shíhou dào?
언제 도착해요?

340

超市
chāoshì

마트

HSK 3

我每星期六去  买东西。
Wǒ měi xīngqīliù qù chāoshì mǎi dōngxi.
저는 매주 토요일 마트에 가서 장을 봐요.

341

便利店
biànlìdiàn

편의점

附近没有 _____。
Fùjìn méiyǒu biànlìdiàn.
근처에 편의점이 없어요.

342

买一送一
mǎiyīsòngyī

1+1,
하나 사면 하나 증정

这个面包 _____。
Zhè ge miànbāo mǎiyīsòngyī.
이 빵은 원 플러스 원이야.

343

会员卡
huìyuánkǎ

회원 카드

有 _____ 吗?
Yǒu huìyuánkǎ ma?
회원 카드 있나요?

344

袋子
dàizi

봉지, 봉투

要不要 _____ ?
Yàobuyào dàizi?
봉지 필요하세요?

100元
yìbǎi yuán

50元
wǔshí yuán

20元
èrshí yuán

10元
shí yuán

5元
wǔ yuán

1元
yì yuán

1元
yì yuán

5角
wǔ jiǎo

1角
yì jiǎo

国际包裹 guójìbāoguǒ	국제 소포	航空信 hángkōngxìn	항공 우편
国际挂号 guójìguàhào	국제 등기	速递 sùdì	속달, 특급 우편
寄 jì	(짐을) 보내다	回执 huízhí	배달 증명서
包裹 bāoguǒ	소포, 작은 꾸러미	称 chēng	(무게를) 재다
邮件 yóujiàn	우편물	重量 zhòngliàng	무게
寄信人 jìxìnrén	보내는 사람	公斤 gōngjīn	킬로그램(kg)
收件人 shōujiànrén	받는 사람, 수취인	邮政编码 yóuzhèngbiānmǎ	우편번호
挂号信 guàhàoxìn	등기	邮寄查询 yóujìcháxún	배송 조회
快递 kuàidì	택배	酒 jiǔ	술
平信 píngxìn	보통 우편	烟 yān	담배
海运邮件 hǎiyùn yóujiàn	선편, 배편	杂志 zázhì	잡지

미니 테스트

단어 암기 동영상을
보면서 복습하세요

1 다음 중국어의 병음과 뜻을 적어 보세요.

1 银行 ＿＿＿＿＿＿＿ ＿＿＿＿＿＿＿

2 换钱 ＿＿＿＿＿＿＿ ＿＿＿＿＿＿＿

3 信用卡 ＿＿＿＿＿＿＿ ＿＿＿＿＿＿＿

4 到 ＿＿＿＿＿＿＿ ＿＿＿＿＿＿＿

2 다음 단어를 중국어로 써 보세요.

1 우체국 ＿＿＿＿＿＿ 　　2 마트 ＿＿＿＿＿＿

3 우표 ＿＿＿＿＿＿ 　　4 편지 ＿＿＿＿＿＿

3 다음 중국어와 우리말의 뜻을 알맞게 연결해 보세요.

1 会员卡 ·　　　　　　① 회원 카드

2 汇率 ·　　　　　　② (예금 등을) 찾다, 인출하다

3 取款 ·　　　　　　③ 봉지, 봉투

4 袋子 ·　　　　　　④ 환율

1 1. yínháng / 은행　2. huànqián / 환전하다　3. xìnyòngkǎ / 신용카드　4. dào / (보낸 것이) 도착하다
2 1. 邮局　2. 超市　3. 邮票　4. 信　**3** 1. ①　2. ④　3. ②　4. ③

병원에서

🎧 MP3를 들어보세요

医院 yīyuàn
병원

感冒 gǎnmào
감기, 감기에 걸리다

发烧 fāshāo
열이 나다

打针 dǎzhēn
주사를 맞다

住院 zhùyuàn
입원하다

药 yào
약

345
□
□
□

医院
yīyuàn

병원

要不要去 ✎ [ ] ?
Yàobuyào qù yīyuàn?
병원에 가야 하는 거 아니에요?

346
□
□
□

住院
zhùyuàn

입원하다

听说李老师 [ ] 了。
Tīngshuō Lǐ lǎoshī zhùyuàn le.
듣자 하니 이 선생님이 입원하셨대요.

347
□
□
□

出院
chūyuàn

퇴원하다

他已经 [ ] 了。
Tā yǐjīng chūyuàn le.
그는 이미 퇴원했어요.

348
□
□
□

医生
yīshēng

의사

我爸爸是 [ ]。
Wǒ bàba shì yīshēng.
우리 아빠는 의사입니다.

349
□
□
□

护士
hùshi

간호사

我想当 [ ]。
Wǒ xiǎng dāng hùshi.
저는 간호사가 되고 싶어요.

Tip

진료 과목

内科 nèikē	내과	**眼科** yǎnkē	안과
外科 wàikē	외과	**皮肤科** pífūkē	피부과
儿科 érkē	소아과	**妇产科** fùchǎnkē	산부인과
牙科 yákē	치과	**整形外科** zhěngxíngwàikē	정형외과, 성형외과

350

☐ ☐ ☐

病
bìng

병, 질병

他的 ✎ ▨▨▨ 好多了。
Tā de bìng hǎo duō le.
그의 병은 많이 좋아졌다.

351

☐ ☐ ☐

不舒服
bù shūfu

컨디션이 별로다

今天我身体有点儿 ▨▨▨▨▨▨。
Jīntiān wǒ shēntǐ yǒudiǎnr bù shūfu.
나 오늘 컨디션이 별로야.

352

☐ ☐ ☐

受伤
shòushāng

부상당하다

HSK 5

不小心会 ▨▨▨▨▨ 的。
Bù xiǎoxīn huì shòushāng de.
조심하지 않으면 다칠 수 있어요.

353

☐ ☐ ☐

疼
téng

아프다

HSK 3

肚子有点儿 ▨▨▨▨。
Dùzi yǒudiǎnr téng.
배가 조금 아파요.

354

☐ ☐ ☐

感冒
gǎnmào

감기,
감기에 걸리다

HSK 3

我好像 ▨▨▨▨▨ 了。
Wǒ hǎoxiàng gǎnmào le.
아무래도 감기 걸린 것 같아요.

355

☐ ☐ ☐

流感
liúgǎn

독감

是不是 ▨▨▨▨▨?
Shìbushì liúgǎn?
독감 아니야?

356

☐ ☐ ☐

发烧
fāshāo

열이 나다

HSK 3

▨▨▨▨▨ 吗?
Fāshāo ma?
열이 나나요?

357

打针
dǎzhēn

주사를 맞다

HSK 4

我怕 ✎ 　　。
Wǒ pà dǎzhēn.
주사를 맞는 게 무서워요.

358

看病
kànbìng

진찰하다,
진찰 받다

奶奶去医院 　　　　。
Nǎinai qù yīyuàn kànbìng.
할머니는 병원에 진찰 받으러 가세요.

359

药
yào

약

HSK 2

这是感冒 　　　。
Zhè shì gǎnmào yào.
이건 감기약입니다.

360

流鼻涕
liúbítì

콧물이 나다

咳嗽, 　　　　。
Késou, liúbítì.
기침하고 콧물이 나요.

Tip 질병의 증상

流鼻血 liúbíxiě	코피가 나다	耳鸣 ěr míng	귀가 울리다
咳嗽 késou	기침이 나다	瘫痪 tānhuàn	마비되다
气喘 qìchuǎn	숨이 차다	发冷 fālěng	오한이 나다
晕倒 yūndǎo	기절하다	恶心 ěxin	구역질이 나다
胃疼 wèi téng	위가 아프다	没(有)胃口 méi(yǒu) wèikǒu	식욕이 없다

361

没劲儿
méijìnr

기운이 없다

全身 ✏️⬜⬜⬜。
Quánshēn méijìnr.
온몸에 힘이 없어요.

362

健康
jiànkāng

건강,
건강하다

HSK 3

⬜⬜⬜⬜ 是最重要的。
Jiànkāng shì zuì zhòngyào de.
건강이 제일 중요하다.

363

不要紧
búyàojǐn

괜찮다,
심각하지 않다

HSK 5

⬜⬜⬜⬜, 休息几天就会好的。
Búyàojǐn, xiūxi jǐ tiān jiù huì hǎo de.
괜찮아요, 며칠 쉬면 좋아질 거예요.

364

汗
hàn

땀

HSK 4

出了一身⬜⬜⬜。
Chū le yìshēn hàn.
온몸에 땀을 흠뻑 흘렸다.

365

骨折
gǔzhé

부러지다

他腿⬜⬜⬜⬜了。
Tā tuǐ gǔzhé le.
그의 다리가 부러졌다.

366

伤口
shāngkǒu

상처

把药膏敷在⬜⬜⬜上吧。
Bǎ yàogāo fū zài shāngkǒu shang ba.
연고를 상처에 바르세요.

367

虫牙
chóngyá

충치

好像有⬜⬜⬜了。
Hǎoxiàng yǒu chóngyá le.
아무래도 충치가 생긴 것 같아.

368

☐
☐
☐
烧伤
shāoshāng

화상

这是 ✎　　　　 的伤疤。
Zhè shì shāoshāng de shāngbā.
이건 화상 흉터야.

369

☐
☐
☐
过敏
guòmǐn

알레르기

HSK 5

我对牛奶　　　　。
Wǒ duì niúnǎi guòmǐn.
나는 우유 알레르기가 있어.

370

☐
☐
☐
痒
yǎng

가렵다,
간지럽다

HSK 5

越抓挠越　　　　。
Yuè zhuānao yuè yǎng.
긁을수록 가렵다.

药店 yàodiàn	약국	肚子疼 dùziténg	복통
软膏 ruǎngāo	연고	便秘 biànmì	변비
体温表 tǐwēnbiǎo	체온계	胃炎 wèiyán	위염
健康检查 jiànkāng jiǎnchá	건강 검진	消化不良 xiāohuàbùliáng	소화불량
治疗 zhìliáo	치료	拉肚子 lādùzi	설사
手术 shǒushù	수술	失眠 shīmián	불면증
血型 xuèxíng	혈액형	呕吐 ǒutù	토하다
检查 jiǎnchá	검사	晕 yùn	현기증
麻醉 mázuì	마취	屁 pì	방귀
消毒 xiāodú	소독	哈欠 hāqian	하품
处方笺 chǔfāngjiān	처방전	石膏 shígāo	깁스
探病 tànbìng	병문안	食物中毒 shíwùzhòngdú	식중독
贫血 pínxuè	빈혈	癌 ái	암
血压 xuèyā	혈압		
头疼 tóuténg	두통		

122

미니 테스트

단어 암기 동영상을
보면서 복습하세요

1 다음 중국어의 병음과 뜻을 적어 보세요.

1 医生 _____ _____

2 感冒 _____ _____

3 疼 _____ _____

4 看病 _____ _____

2 다음 단어를 중국어로 써 보세요.

1 병원 _____ 2 간호사 _____

3 약 _____ 4 건강, 건강하다 _____

3 다음 중국어와 우리말의 뜻을 알맞게 연결해 보세요.

1 过敏 ·   ① 부러지다

2 骨折 ·   ② 상처

3 伤口 ·   ③ 콧물이 나다

4 流鼻涕 ·   ④ 알레르기

---

1 1. yīshēng / 의사 2. gǎnmào / 감기, 감기에 걸리다 3. téng / 아프다 4. kànbìng / 진찰하다, 진찰 받다
2 1. 医院 2. 护士 3. 药 4. 健康 **3** 1. ④ 2. ① 3. ② 4. ③

여행

🎧 MP3를 들어보세요

中国 Zhōngguó
중국

美国 Měiguó
미국

英国 Yīngguó
영국

法国 Fǎguó
프랑스

德国 Déguó
독일

意大利 Yìdàlì
이탈리아

371	旅行	여행하다	我喜欢 ✎ 。
	lǚxíng		Wǒ xǐhuan lǚxíng.
		HSK 4	나는 여행을 좋아해.

372	风景	경치, 풍경	这里的 很美。
	fēngjǐng		Zhèli de fēngjǐng hěn měi.
		HSK 5	여기 풍경이 아름다워요.

373	预定	예약하다	我来 机票。
	yùdìng		Wǒ lái yùdìng jīpiào.
			내가 비행기 표를 예약할게.

374	酒店	호텔	这是五星级 。
	jiǔdiàn		Zhè shì wǔ xīngjí jiǔdiàn.
			이건 5성급 호텔이야.

375	住	묵다, 숙박하다	要 三天。
	zhù		Yào zhù sān tiān.
		HSK 1	3일 머물 거예요.

376	早餐	조식	包含 吧?
	zǎocān		Bāohán zǎocān ba?
			조식 포함이죠?

377	单人间	싱글룸	多少钱?
	dānrénjiān		Dānrénjiān duōshao qián?
			싱글룸은 얼마예요?

378

☐
☐ **标准间** 더블룸
☐ biāozhǔnjiān

我要订 ✐ 。
Wǒ yào dìng biāozhǔnjiān.
더블룸으로 예약할게요.

379

☐
☐ **游客** 여행객
☐ yóukè

最近中国 非常多。
Zuìjìn Zhōngguó yóukè fēicháng duō.
요즘 중국 여행객이 굉장히 많다.

380

☐
☐ **导游** 가이드
☐ dǎoyóu

HSK 4

那是有 陪伴的旅行。
Nà shì yǒu dǎoyóu péibàn de lǚxíng.
그건 가이드가 동행하는 여행이야.

381

☐
☐ **名胜古迹** 명승고적
☐ míngshènggǔjì

HSK 5

很多。
Míngshènggǔjì hěn duō.
명승고적이 많아요.

382

☐
☐ **决定** 정하다, 결정하다
☐ juédìng

HSK 3

我还没 去哪儿旅游。
Wǒ hái méi juédìng qù nǎr lǚyóu.
난 아직 어디로 여행 갈지 정하지 않았어.

383

☐
☐ **取消** 캔슬, 취소하다
☐ qǔxiāo

可以 卡吗?
Kěyǐ qǔxiāo kǎ ma?
카드 취소 되나요?

384

☐
☐ **夜景** 야경
☐ yèjǐng

首尔的 很美。
Shǒu'ěr de yèjǐng hěn měi.
서울의 야경이 아름답다.

385

□
□ **暑假**
□ shǔjià

여름 휴가,
여름방학

这个 ✏ ____ 你打算做什么?

Zhè ge shǔjià nǐ dǎsuàn zuò shénme?

이번 여름 휴가 때 뭐 할 거야?

★ 寒假 hánjià 겨울방학, 겨울 휴가

386

□
□ **打算**
□ dǎsuàn

계획,
~할 계획이다

HSK 3

还没有 ____ 。

Hái méiyǒu dǎsuàn.

아직 계획이 없어.

387

□
□ **国外**
□ guówài

해외

我想去 ____ 旅行。

Wǒ xiǎng qù guówài lǚxíng.

난 해외여행을 가고 싶어.

388

□
□ **国内**
□ guónèi

국내

他不了解 ____ 实情。

Tā bù liǎojiě guónèi shíqíng.

그는 국내 실정에 어둡다.

389

□
□ **大厅**
□ dàtīng

로비

我在 ____ 等你。

Wǒ zài dàtīng děng nǐ.

로비에서 기다릴게.

390

□
□ **退房**
□ tuìfáng

체크아웃 하다

我要 ____ 。

Wǒ yào tuìfáng.

체크아웃 하려고요.

391

□
□ **纪念品**
□ jìniànpǐn

기념품

这是我给你带的 ____ 。

Zhè shì wǒ gěi nǐ dài de jìniànpǐn.

너 주려고 가져온 기념품이야.

休假 xiūjià	휴가	
跟团游 gēntuányóu	단체 여행	
自助游 zìzhùyóu	자유 여행	
背包旅行 bèibāo lǚxíng	배낭여행	
乘船旅行 chéngchuán lǚxíng	크루즈 여행	
一日游 yírìyóu	당일치기	
两天一夜 liǎngtiān yíyè	1박2일	
散心 sànxīn	기분전환	
自由时间 zìyóushíjiān	자유 시간	
旅行社 lǚxíngshè	여행사	
登记住宿 dēngjì zhùsù	체크인 하다	
服务台 fúwùtái	프런트	
套间 tàojiān / 豪华间 háohuájiān	스위트룸	

五星级 wǔ xīngjí	5성급
房卡 fángkǎ	룸 키
小费 xiǎofèi	팁
叫醒服务 jiàoxǐng fúwù	모닝콜 서비스
请勿打扰 qǐng wù dǎrǎo	방해하지 마시오
展望台 zhǎnwàngtái	전망대
手册 shǒucè	팸플릿
晕车 yùnchē	차멀미
晕船 yùnchuán	뱃멀미
美食 měishí	맛집
足疗 zúliáo	발 마사지
维生素 wéishēngsù	비타민
防晒霜 fángshàishuāng	선크림

미니 테스트

단어 암기 동영상을
보면서 복습하세요

1 다음 중국어의 병음과 뜻을 적어 보세요.

1 旅行　　＿＿＿＿＿＿＿　＿＿＿＿＿＿＿

2 预定　　＿＿＿＿＿＿＿　＿＿＿＿＿＿＿

3 夜景　　＿＿＿＿＿＿＿　＿＿＿＿＿＿＿

4 标准间　＿＿＿＿＿＿＿　＿＿＿＿＿＿＿

2 다음 단어를 중국어로 써 보세요.

1 호텔 ＿＿＿＿＿＿　　　　2 묵다, 숙박하다 ＿＿＿＿＿＿

3 정하다, 결정하다 ＿＿＿＿＿　　4 해외 ＿＿＿＿＿＿

3 다음 중국어와 우리말의 뜻을 알맞게 연결해 보세요.

1 早餐　　・　　　　　　① 기념품

2 暑假　　・　　　　　　② 체크아웃하다

3 退房　　・　　　　　　③ 조식

4 纪念品　・　　　　　　④ 여름 휴가, 여름방학

1 1. lǚxíng / 여행하다　2. yùdìng / 예약하다　3. yèjǐng / 야경　4. biāozhǔnjiān / 더블룸　**2** 1. 酒店　2. 住
3. 决定　4. 国外　**3** 1. ③　2. ④　3. ②　4. ①

공항에서

🎧 MP3를 들어보세요

机场 jīchǎng
공항

飞机 fēijī
비행기

护照 hùzhào
여권

机票 jīpiào
비행기 표

行李 xíngli
짐, 화물

旅游 lǚyóu
여행하다

392
☐
☐
☐
机场
jīchǎng

공항

HSK 2

我去 ✐ ▨▨▨▨▨ 接朋友。
Wǒ qù jīchǎng jiē péngyou.
나는 공항에 친구를 마중하러 간다.

393
☐
☐
☐
飞机
fēijī

비행기

HSK 1

我从来没坐过 ▨▨▨▨▨。
Wǒ cónglái méi zuò guo fēijī.
난 이제껏 비행기를 타 본 적이 없어.

394
☐
☐
☐
机票
jīpiào

비행기표

这是您的 ▨▨▨▨▨。
Zhè shì nín de jīpiào.
이것은 당신의 비행기 표입니다.

395
☐
☐
☐
护照
hùzhào

여권

HSK 3

请出示您的 ▨▨▨▨▨。
Qǐng chūshì nín de hùzhào.
여권을 제시해 주세요.

396
☐
☐
☐
国籍
guójí

국적

HSK 4

你的 ▨▨▨▨▨ 是什么?
Nǐ de guójí shì shénme?
너의 국적은 어디니?

397
☐
☐
☐
手续
shǒuxù

수속, 절차

HSK 5

我们得办登机 ▨▨▨▨▨。
Wǒmen děi bàn dēngjī shǒuxù.
우리는 탑승 수속을 해야 합니다.

398
☐
☐
☐
出发
chūfā

출발하다

HSK 4

▨▨▨▨▨ 前跟我联系。
Chūfā qián gēn wǒ liánxì.
출발할 때 연락해 주세요.

399
到达
dàodá
도착하다
HSK 5

10分钟后 北京。
Shí fēnzhōng hòu dàodá Běijīng.
10분 후에 베이징에 도착합니다.

400
往返
wǎngfǎn
왕복
HSK 5

这是 机票吗?
Zhè shì wǎngfǎn jīpiào ma?
이 티켓은 왕복 항공 티켓입니까?

401
外国人
wàiguórén
외국인

在首尔 很多。
Zài Shǒu'ěr wàiguórén hěn duō.
서울에는 외국인이 많아요.

402
接
jiē
맞이하다,
마중하다
HSK 3

我去火车站 朋友。
Wǒ qù huǒchēzhàn jiē péngyou.
나는 기차 역에 친구를 마중 간다.

403
送
sòng
배웅하다,
전송하다
HSK 2

谢谢你们来 我。
Xièxie nǐmen lái sòng wǒ.
날 배웅하러 와 줘서 고마워.

404
安全带
ānquándài
안전벨트

请系好 。
Qǐng jìhǎo ānquándài.
안전벨트를 매 주세요.

405
行李
xíngli
짐

你的 多吗?
Nǐ de xíngli duō ma?
짐이 많나요?

406

拖运
tuōyùn

탁송하다

我要 ✎ 两个包。
Wǒ yào tuōyùn liǎng ge bāo.
가방을 두 개 부치려고 해요.

407

超重
chāozhòng

중량을 초과하다

你的行李 了。
Nǐ de xíngli chāozhòng le.
당신의 짐이 중량을 초과했어요.

408

旅游
lǚyóu

여행하다

HSK 2

有机会, 我想去青岛 。
Yǒu jīhuì, wǒ xiǎng qù Qīngdǎo lǚyóu.
기회가 있다면 청도 여행을 하고 싶어요.

409

目的
mùdì

목적

HSK 4

入境 是什么?
Rùjìng mùdì shì shénme?
방문 목적이 무엇입니까?

410

机内餐
jīnèicān

기내식

不包含 吗?
Bù bāohán jīnèicān ma?
기내식은 불포함인가요?

411

免税店
miǎnshuìdiàn

면세점

去 逛逛吧。
Qù miǎnshuìdiàn guàngguang ba.
면세점에 가서 좀 구경하자.

出国 chūguó	출국	起飞 qǐfēi	이륙
回国 huíguó	귀국	着陆 zhuólù	착륙
签证 qiānzhèng	비자	登机口 dēngjīkǒu	탑승구
手推车 shǒutuīchē	카트	海关 hǎiguān	세관
国内线 guónèixiàn	국내선	晚点 wǎndiǎn	연착하다
国际线 guójìxiàn	국제선	空姐 kōngjiě	승무원
直航 zhíháng	직항	机长 jīzhǎng	조종사, 기장
经由 jīngyóu	경유	紧急出口 jǐnjíchūkǒu	비상구
出境卡 chūjìngkǎ	출국신고서	座位 zuòwèi	좌석
机场巴士 jīchǎngbāshì	공항 리무진	救生衣 jiùshēngyī	구명조끼
出入境审查 chūrùjìng shěnchá	출입국 심사	耳机 ěrjī	이어폰
检疫 jiǎnyì	검역	倒时差 dǎoshíchā	시차 적응
取行李处 qǔ xíngli chù	수화물 찾는 곳		

미니 테스트

1 다음 중국어의 병음과 뜻을 적어 보세요.

1 出发 _____ _____

2 免税店 _____ _____

3 接 _____ _____

4 安全带 _____ _____

2 다음 단어를 중국어로 써 보세요.

1 비행기 _____　　　　2 공항 _____

3 외국인 _____　　　　4 여행하다 _____

3 다음 중국어와 우리말의 뜻을 알맞게 연결해 보세요.

1 超重　　·　　　　　　　① 수속, 절차

2 机内餐　·　　　　　　　② 배웅하다, 전송하다

3 送　　·　　　　　　　③ 중량을 초과하다

4 手续　　·　　　　　　　④ 기내식

---

1 1. chūfā / 출발하다　2. miǎnshuìdiàn / 면세점　3. jiē / 맞이하다, 마중하다　4. ānquándài / 안전벨트
2 1. 飞机　2. 机场　3. 外国人　4. 旅游　**3** 1. ③　2. ④　3. ②　4. ①

여가·취미 즐기기

🎧 MP3를 들어보세요

弹钢琴 tán gāngqín
피아노를 치다

看电影 kàn diànyǐng
영화를 보다

听音乐 tīng yīnyuè
음악을 듣다

唱歌 chànggē
노래를 부르다

画画儿 huàhuàr
그림을 그리다

看书 kànshū
책을 읽다

412

爱好
àihào

취미

HSK 3

你的 ✎ ____ 是什么?
Nǐ de àihào shì shénme?
네 취미는 뭐야?

413

钢琴
gāngqín

피아노

我会弹 ____ 。
Wǒ huì tán gāngqín.
나 피아노 칠 줄 알아.

414

弹
tán

연주하다,
치다

不过 ____ 得不太好。
Búguò tán de bútài hǎo.
근데 잘 못 쳐.

415

吉他
jítā

기타

我对 ____ 感兴趣。
Wǒ duì jítā gǎn xìngqù.
나는 기타에 흥미가 있어.

416

电影
diànyǐng

영화

HSK 1

我是 ____ 迷。
Wǒ shì diànyǐng mí.
나는 영화광이야.

417

电视
diànshì

텔레비전

HSK 1

妈妈在家看 ____ 。
Māma zài jiā kàn diànshì.
엄마는 집에서 TV 보셔.

418

电子游戏
diànzǐ yóuxì

게임

弟弟常常玩儿 ____ 。
Dìdi chángcháng wánr diànzǐ yóuxì.
남동생은 자주 게임을 한다.

419

☐
☐
☐ 音乐
yīnyuè

음악

HSK 3

他在听古典 ✏ 。
Tā zài tīng gǔdiǎn yīnyuè.
그는 클래식 음악을 듣고 있어.

420

☐
☐
☐ 画
huà

(그림을)
그리다

HSK 3

她 得越来越好。
Tā huà de yuèláiyuè hǎo.
그녀는 그림을 점점 잘 그린다.

421

☐
☐
☐ 拍照
pāizhào

사진을 찍다

在这儿可以 吗?
Zài zhèr kěyǐ pāizhào ma?
여기서 사진 찍어도 되나요?

422

☐
☐
☐ 照片
zhàopiàn

사진

HSK 3

发几张 吧。
Fā jǐ zhāng zhàopiàn ba.
사진 몇 장 보내 봐.

423

☐
☐
☐ 照相机
zhàoxiàngjī

카메라

HSK 3

我没带 , 怎么办?
Wǒ méi dài zhàoxiàngjī, zěnme bàn?
나 카메라 안 가져왔어, 어떡하지?

424

☐
☐
☐ 看书
kànshū

책을 보다

你得多 。
Nǐ děi duō kànshū.
너 책을 많이 읽어야 해.

425

☐
☐
☐ 展览会
zhǎnlǎnhuì

전시회

我想参加汽车 。
Wǒ xiǎng cānjiā qìchē zhǎnlǎnhuì.
모터쇼 구경 가고 싶어.

426
□
□
□
演唱会
yǎnchànghuì

콘서트

买到了 _____ 的门票。
Mǎi dào le yǎnchànghuì de ménpiào.
콘서트 입장권을 샀어.

427
□
□
□
音乐剧
yīnyuèjù

뮤지컬

我们去看 _____, 怎么样?
Wǒmen qù kàn yīnyuèjù, zěnmeyàng?
우리 뮤지컬 보러 가는 거 어때?

428
□
□
□
唱歌
chànggē

노래를 부르다

HSK 2

一边 _____, 一边跳舞。
Yìbiān chànggē, yìbiān tiàowǔ.
노래를 부르면서 춤을 춘다.

429
□
□
□
跳舞
tiàowǔ

춤추다

HSK 2

她 _____ 跳得很好。
Tā tiàowǔ tiào de hěn hǎo.
그녀는 춤을 잘 춰.

430
□
□
□
外语
wàiyǔ

외국어

我喜欢学 _____。
Wǒ xǐhuan xué wàiyǔ.
나는 외국어 배우는 걸 좋아해요.

收集 shōují	수집하다	
画画儿 huàhuàr	그림을 그리다	
编织 biānzhī	뜨개질하다	
做菜 zuòcài	요리하다	
书法 shūfǎ	서예	
插花 chāhuā	꽃꽂이	
爬山 páshān	등산	
徒步旅行 túbùlǚxíng	하이킹, 도보 여행	
钓鱼 diàoyú	낚시	
开车 kāichē / 兜风 dōufēng	드라이브	
歌剧 gējù	오페라	
演奏会 yǎnzòuhuì	연주회	
陶艺 táoyì	도예	
剧场 jùchǎng	극장	

电影院 diànyǐngyuàn	영화관
舞台 wǔtái	무대
门票 ménpiào	입장권
主持人 zhǔchírén	사회자, MC
歌手 gēshǒu	가수
观众 guānzhòng	관객
戏剧 xìjù	연극
鼓掌 gǔzhǎng	박수
京剧 jīngjù	경극
变脸 biànliǎn	변검
杂技 zájì	서커스
有名 yǒumíng	유명하다
兴趣 xìngqù	흥미
~迷 mí	~광, ~마니아

1 다음 중국어의 병음과 뜻을 적어 보세요.

1 拍照 _____ _____

2 电视 _____ _____

3 画 _____ _____

4 跳舞 _____ _____

2 다음 단어를 중국어로 써 보세요.

1 취미 _____   2 음악 _____

3 영화 _____   4 외국어 _____

3 다음 중국어와 우리말의 뜻을 알맞게 연결해 보세요.

1 钢琴   ·   ① 뮤지컬

2 电子游戏 ·   ② 피아노

3 音乐剧   ·   ③ 게임

4 弹   ·   ④ 연주하다, 치다

1 1. pāizhào / 사진을 찍다   2. diànshì / 텔레비전   3. huà / (그림을) 그리다   4. tiàowǔ / 춤추다   **2** 1. 爱好
2. 音乐   3. 电影   4. 外语   **3** 1. ②   2. ③   3. ①   4. ④

Day 21

공부
순서 □ MP3 듣기 ➡ □ 단어 암기 ➡ □ 예문 빈칸 채우기 ➡ □ 단어암기 동영상

운동 · 스포츠

🎧 MP3를 들어보세요

足球 zúqiú
축구

棒球 bàngqiú
야구

篮球 lánqiú
농구

游泳 yóuyǒng
수영

高尔夫球 gāo'ěrfūqiú
골프

保龄球 bǎolíngqiú
볼링

431	运动 yùndòng	운동	HSK 2	你喜欢什么 ✏️ ⬚⬚⬚ ? Nǐ xǐhuan shénme yùndòng? 무슨 운동을 좋아하세요?

432	打 dǎ	하다, 치다		我喜欢 ⬚⬚⬚ 羽毛球。 Wǒ xǐhuan dǎ yǔmáoqiú. 나는 배드민턴 좋아해요.

433	乒乓球 pīngpāngqiú	탁구	HSK 4	你 ⬚⬚⬚ 打得好吗? Nǐ pīngpāngqiú dǎ de hǎo ma? 탁구 잘 치세요?

434	棒球 bàngqiú	야구		我是 ⬚⬚⬚ 迷。 Wǒ shì bàngqiú mí. 나는 야구 마니아예요.

435	网球 wǎngqiú	테니스	HSK 4	每星期六我去打 ⬚⬚⬚ 。 Měi xīngqīliù wǒ qù dǎ wǎngqiú. 매주 토요일 나는 테니스 치러 갑니다.

436	开始 kāishǐ	시작하다	HSK 2	那场比赛几点 ⬚⬚⬚ ? Nà chǎng bǐsài jǐ diǎn kāishǐ? 그 시합은 몇 시에 시작하죠?

437	结束 jiéshù	끝나다		已经 ⬚⬚⬚ 了。 Yǐjīng jiéshù le. 이미 끝났어요.

438

□□□ **踢**
tī

차다

他 ✏ 得真棒。
Tā tī de zhēn bàng.
그는 공을 진짜 잘 차요.

439

□□□ **足球**
zúqiú

축구

我对 ⬚⬚⬚ 感兴趣。
Wǒ duì zúqiú gǎn xìngqù.
나는 축구에 관심이 있어요.

440

□□□ **球**
qiú

공

好 ⬚⬚⬚ !
Hǎo qiú!
나이스 샷!

441

□□□ **游泳**
yóuyǒng

수영,
수영하다

HSK 2

最近我开始学 ⬚⬚⬚ 了。
Zuìjìn wǒ kāishǐ xué yóuyǒng le.
요즘 난 수영을 배우기 시작했어.

442

□□□ **游**
yóu

헤엄치다

⬚⬚⬚ 得不太好。
Yóu de bú tài hǎo.
수영을 잘 못한다.

443

□□□ **游泳池**
yóuyǒngchí

수영장

我每天早上去 ⬚⬚⬚ 。
Wǒ měitiān zǎoshang qù yóuyǒngchí.
나는 매일 아침 수영장에 간다.

444

□□□ **比赛**
bǐsài

시합

HSK 3

昨天的 ⬚⬚⬚ 哪个队赢了?
Zuótiān de bǐsài nǎ ge duì yíng le?
어제 시합 누가 이겼어요?

| 445 | 赢
yíng | 이기다,
승리하다
HSK 4 | 韩国队 ✏ 了。
Hánguó duì yíng le.
한국 팀이 이겼어요. |

| 446 | 输
shū | 지다,
패하다
HSK 4 | 我以为 了。
Wǒ yǐwéi shū le.
나는 진 줄 알았어. |

| 447 | 努力
nǔlì | 열심히,
노력하다
HSK 3 | 练习吧。
Nǔlì liànxí ba.
열심히 연습하세요. |

| 448 | 选手
xuǎnshǒu | 선수
HSK 6 | 三号 特别帅。
Sān hào xuǎnshǒu tèbié shuài.
3번 선수가 유난히 잘생겼다. |

| 449 | 犯规
fànguī | 반칙하다 | 是不是 了?
Shìbushì fànguī le?
반칙하지 않았어? |

| 450 | 对手
duìshǒu | 적수, 상대
HSK 5 | 到现在还没有我的 。
Dào xiànzài hái méiyǒu wǒ de duìshǒu.
지금까지 아직 내 적수가 없다. |

| 451 | 拉拉队
lālāduì | 응원단
HSK 2 | 我们学校的 很厉害。
Wǒmen xuéxiào de lālāduì hěn lìhai.
우리 학교 응원단은 정말 대단해. |

奥运会 àoyùnhuì	올림픽		铜牌 tóngpái	동메달		
世界杯 shìjièbēi	월드컵		第一名 dìyīmíng	1등		
决赛 juésài	결승전		第二名 dì'èrmíng	2등		
淘汰赛 táotàisài	토너먼트		第三名 dìsānmíng	3등		
循环赛 xúnhuánsài	리그전		打平 dǎpíng / 平局 píngjú	무승부		
复活赛 fùhuósài	패자 부활전		中场休息 zhōngchǎng xiūxi	중간 휴식, 하프타임		
裁判员 cáipànyuán	심판		延长赛 yánchángsài	연장전		
记分板 jìfēn bǎn	점수판		胜利 shènglì	승리하다		
金牌 jīnpái	금메달		失败 shībài	실패하다		
银牌 yínpái	은메달					

Tip
여러 가지 운동

排球 páiqiú	배구		普拉提 pǔlātí	필라테스
台球 táiqiú	당구		滑雪 huáxuě	스키
羽毛球 yǔmáoqiú	배드민턴		冲浪 chōnglàng	서핑
马拉松 mǎlāsōng	마라톤		拳击 quánjī	복싱, 권투
瑜伽 yújiā	요가		跑步 pǎobù	조깅

미니 테스트

1 다음 중국어의 병음과 뜻을 적어 보세요.

1 棒球 　_____　_____

2 打 　_____　_____

3 运动 　_____　_____

4 赢 　_____　_____

2 다음 단어를 중국어로 써 보세요.

1 축구 _____　　2 공 _____

3 수영, 수영하다 _____　　4 선수 _____

3 다음 중국어와 우리말의 뜻을 알맞게 연결해 보세요.

1 对手 　·　　　　　　　① 열심히, 노력하다

2 努力 　·　　　　　　　② 적수, 상대

3 游泳池 ·　　　　　　　③ 끝나다

4 结束 　·　　　　　　　④ 수영장

1 1. bàngqiú / 야구　2. dǎ / 하다, 치다　3. yùndòng / 운동　4. yíng / 이기다, 승리하다　**2** 1. 足球　2. 球
3. 游泳　4. 选手　**3** 1. ②　2. ①　3. ④　4. ③

컴퓨터 · 인터넷

🎧 MP3를 들어보세요

电脑 diànnǎo
컴퓨터

笔记本 bǐjìběn
노트북

鼠标 shǔbiāo
마우스

键盘 jiànpán
키보드

文件 wénjiàn
파일

点击 diǎnjī
클릭

452	电脑 diànnǎo	컴퓨터 HSK 1	我想买笔记本 🖊 。 Wǒ xiǎng mǎi bǐjìběn diànnǎo. 노트북 컴퓨터를 사고 싶다.
453	优盘 yōupán	USB	你把　　　　放在哪儿了? Nǐ bǎ yōupán fàng zài nǎr le? USB 어디에 뒀어요?
454	文件 wénjiàn	파일 HSK 5	把这个　　　　删掉吧。 Bǎ zhège wénjiàn shāndiào ba. 이 파일은 삭제해 주세요.
455	删 shān	삭제하다	已经　　　　了。 Yǐjīng shān le. 이미 삭제했어요.
456	点击 diǎnjī	클릭	我　　　　了好几次。 Wǒ diǎnjī le hǎo jǐcì. 여러 번 클릭을 해봤어요.
457	整理 zhěnglǐ	정리하다 HSK 4	桌子上的东西　　　　一下。 Zhuōzi shang de dōngxi zhěnglǐ yíxià. 탁자 위 물건들 좀 정리해라.
458	连接 liánjiē	연결하다	好像没　　　　。 Hǎoxiàng méi liánjiē. 아무래도 접속이 안 된 것 같아요.

459

☐☐☐ **死机**
sǐjī

다운되다

我的电脑 ✎ 了。
Wǒ de diànnǎo sǐjī le.
내 컴퓨터가 다운되었어요.

460

☐☐☐ **网站**
wǎngzhàn

홈페이지

HSK 4

您可以查看我们的 。
Nín kěyǐ chákàn wǒmen de wǎngzhàn.
홈페이지에서 확인할 수 있습니다.

461

☐☐☐ **下载**
xiàzài

다운로드

HSK 5

的速度很快。
Xiàzài de sùdù hěn kuài.
다운로드 속도가 빠르네요.

462

☐☐☐ **无线网**
wúxiànwǎng

무선 인터넷
(wi-fi)

这儿有 吧?
Zhèr yǒu wúxiànwǎng ba?
여기에 와이파이 있죠?

463

☐☐☐ **用户名**
yònghùmíng

아이디

请告诉我 和密码。
Qǐng gàosu wǒ yònghùmíng hé mìmǎ.
아이디랑 비밀번호를 알려 주세요.

464

☐☐☐ **密码**
mìmǎ

비밀번호

HSK 4

请输入 。
Qǐng shūrù mìmǎ.
비밀번호를 입력하시오.

465

☐☐☐ **坏**
huài

고장 나다

HSK 3

我的电脑 了。
Wǒ de diànnǎo huài le.
제 컴퓨터가 고장 났어요.

466

☐
☐
☐

修理
xiūlǐ

수리하다

HSK 4

可以 ✎　　　 吗?
Kěyǐ xiūlǐ ma?
수리되나요?

467

☐
☐
☐

网上
wǎngshàng

온라인

这是在　　　　买的。
Zhè shì zài wǎngshàng mǎi de.
이거 인터넷으로 산 거야.

468

☐
☐
☐

存
cún

저장하다

HSK 4

你　　　在哪儿了? 我找不到。
Nǐ cúnzài nǎr le? Wǒ zhǎobudào.
어디에 저장했어? 나 못 찾겠어.

469

☐
☐
☐

搜索
sōusuǒ

검색하다

HSK 5

我　　　　了半天。
Wǒ sōusuǒ le bàntiān.
한참 검색했어요.

470

☐
☐
☐

鼠标
shǔbiāo

마우스

HSK 5

你的　　　　是在哪儿买的?
Nǐ de shǔbiāo shì zài nǎr mǎi de?
마우스 어디서 산 거예요?

471

☐
☐
☐

电子邮件
diànzǐyóujiàn

메일

HSK 3

我马上给你发　　　　吧。
Wǒ mǎshàng gěi nǐ fā diànzǐyóujiàn ba.
내가 바로 이메일 보낼게요.

472

☐
☐
☐

网址
wǎngzhǐ

인터넷 주소

这是我们公司的　　　　。
Zhè shì wǒmen gōngsī de wǎngzhǐ.
이것은 우리 회사의 홈페이지 주소예요.

笔记本(电脑) bǐjìběn (diànnǎo)	노트북		网民 wǎngmín	네티즌
显示器 xiǎnshìqì	모니터		博客 bókè	블로그
键盘 jiànpán	키보드		网络聊天 wǎngluòliáotiān	채팅
打印机 dǎyìnjī	프린터		附加 fùjiā	첨부하다
扫描器 sǎomiáoqì	스캐너		登录 dēnglù	로그인
音响 yīnxiǎng	스피커		退出 tuìchū	로그아웃
硬盘 yìngpán	하드 디스크		发 fā	보내다
电缆 diànlǎn	케이블		收到 shōudào	받다
关机 guānjī	전원을 끄다		垃圾邮件 lājīyóujiàn	스팸 메일
重新启动 chóngxīnqǐdòng	재부팅하다		视频 shìpín	동영상
病毒 bìngdú	바이러스		保存 bǎocún	저장
路由器 lùyóuqì	공유기		删除 shānchú	삭제
网页 wǎngyè	사이트		取消 qǔxiāo	취소

미니 테스트

1 다음 중국어의 병음과 뜻을 적어 보세요.

1 电脑 _____ _____

2 网上 _____ _____

3 用户名 _____ _____

4 密码 _____ _____

2 다음 단어를 중국어로 써 보세요.

1 메일 _____   2 수리하다 _____

3 저장하다 _____   4 파일 _____

3 다음 중국어와 우리말의 뜻을 알맞게 연결해 보세요.

1 删 ·   ① 검색하다

2 搜索 ·   ② 삭제하다

3 整理 ·   ③ 다운로드

4 下载 ·   ④ 정리하다

---

1 1. diànnǎo / 컴퓨터 2. wǎngshàng / 온라인 3. yònghùmíng / 아이디 4. mìmǎ / 비밀번호
2 1. 电子邮件 2. 修理 3. 存 4. 文件   **3** 1. ② 2. ① 3. ④ 4. ③

전화 · 스마트폰

🎧 MP3를 들어보세요

计算器 jìsuànqì
계산기

日历 rìlì
캘린더

照片 zhàopiàn
사진

相机 xiàngjī
카메라

天气 tiānqì
날씨

时钟 shízhōng
시계

电话 diànhuà
전화

信息 xìnxī
메시지

音乐 yīnyuè
음악

473
☐
☐
☐
电话
diànhuà

전화

打了几次 ✎ , 都没接。
Dǎ le jǐ cì diànhuà, dōu méi jiē.
몇 번 전화했는데 모두 안 받네요.

474
☐
☐
☐
手机
shǒujī

핸드폰

HSK 2

你换 了吗?
Nǐ huàn shǒujī le ma?
핸드폰 바꿨어요?

475
☐
☐
☐
电话号码
diànhuàhàomǎ

전화번호

你的 是多少?
Nǐ de diànhuàhàomǎ shì duōshao?
전화번호가 몇 번인가요?

476
☐
☐
☐
打
dǎ

(전화를) 걸다

一会儿再 吧。
Yíhuìr zài dǎ ba.
좀 이따 다시 걸게요.

477
☐
☐
☐
响
xiǎng

울리다,
소리가 나다

HSK 4

闹钟 了。
Nàozhōng xiǎng le.
알람이 울렸다.

478
☐
☐
☐
声音
shēngyīn

목소리

HSK 3

你的 太小了。
Nǐ de shēngyīn tài xiǎo le.
너 목소리가 너무 작아.

479
☐
☐
☐
听见
tīngjiàn

들리다

我没 。
Wǒ méi tīngjiàn.
못 들었어.

喂
wéi

여보세요

HSK 1

　　, 你好! 您找谁?
Wéi, nǐ hǎo! Nín zhǎo shéi?
여보세요! 누구 찾으세요?

481

转告
zhuǎngào

전하다,
알리다

HSK 5

请你帮我 　　他吧。
Qǐng nǐ bāng wǒ zhuǎngào tā ba.
이걸 그에게 전달해 주세요.

482

耳机
ěrjī

이어폰

他戴着 　　听音乐。
Tā dài zhe ěrjī tīng yīnyuè.
그는 이어폰을 끼고 음악을 듣는다.

483

挂
guà

(전화를) 끊다

HSK 4

那我 　　了。一会儿见!
Nà wǒ guà le. Yíhuìr jiàn!
그럼 끊을게요. 좀 이따 봐요.

484

留言
liúyán

전언,
메모를 남기다

他不在。请 　　。
Tā bú zài. Qǐng liúyán.
그는 부재중이에요. 메모 남겨 주세요.

485

设置
shèzhì

설정하다

HSK 6

你是要 　　个人密码吗?
Nǐ shì yào shèzhì gèrén mìmǎ ma?
개인 암호 설정하실 거예요?

486

短信
duǎnxìn

메시지

HSK 4

我给他发 　　了。
Wǒ gěi tā fā duǎnxìn le.
그에게 문자 보냈어.

487

☐
☐
☐
屏幕
píngmù

화면

HSK 6

✎ 　　　　　很大。
Píngmù hěn dà.
화면이 크다.

488

☐
☐
☐
功能
gōngnéng

기능

HSK 5

　　　　　真多。
Gōngnéng zhēn duō.
기능이 진짜 많다.

489

☐
☐
☐
字
zì

문자, 글자

HSK 1

这个　　　太小了。
Zhè ge zì tài xiǎo le.
이 글자 너무 작다.

490

☐
☐
☐
充电
chōngdiàn

충전하다

该　　　　　了。
Gāi chōngdiàn le.
충전할 때가 됐어.

491

☐
☐
☐
信号
xìnhào

신호

HSK 5

这儿有没有　　　　?
Zhèr yǒu méiyǒu xìnhào?
여기 신호 잡혀, 안 잡혀?

492

☐
☐
☐
输入
shūrù

입력하다

HSK 5

我会　　　　中文。
Wǒ huì shūrù Zhōngwén.
난 중국어를 입력할 줄 알아.

플러스 단어

智能手机 zhìnéng shǒujī	스마트폰
国际电话 guójì diànhuà	국제 전화
打错 dǎcuò	잘못 걸다
区号 qūhào	지역 번호
国家电话号码 guójiā diànhuà hàomǎ	국가 번호
通话中 tōnghuà zhōng / **占线** zhànxiàn	통화중

重拨 chóngbō	다시 걸다
接电话 jiē diànhuà	전화를 받다
没电 méi diàn	배터리가 떨어지다
充电器 chōngdiànqì	충전기
拉黑 lāhēi	수신 거부
应用软件 yìngyòngruǎnjiàn	애플리케이션, 앱

Tip 전화 대화 필수 표현

- -

喂，~在吗？ Wéi, ~ zài ma? ~ 계신가요?

请~接电话。 Qǐng ~ jiē diànhuà. ~를 바꿔 주세요.

稍等一下。 Shāo děng yíxià. 잠시만요.

你打错了。 Nǐ dǎ cuò le. 전화 잘못 거셨습니다.

正在占线。 Zhèngzài zhàn xiàn. / 正在通话中。 Zhèngzài tōnghuà zhōng. 지금 통화 중입니다.

你的电话号码是多少？ Nǐ de diànhuà hàomǎ shì duōshao? 전화번호가 어떻게 되세요?

미니 테스트

단어 암기 동영상을 보면서 복습하세요

1 다음 중국어의 병음과 뜻을 적어 보세요.

1 听见 _____ _____

2 电话 _____ _____

3 信号 _____ _____

4 字 _____ _____

2 다음 단어를 중국어로 써 보세요.

1 핸드폰 _____ 2 여보세요 _____

3 메시지 _____ 4 (전화를) 걸다 _____

3 다음 중국어와 우리말의 뜻을 알맞게 연결해 보세요.

1 功能 · ① 전화번호

2 输入 · ② 입력하다

3 屏幕 · ③ 기능

4 电话号码 · ④ 화면

1 1. tīngjiàn / 들리다 2. diànhuà / 전화 3. xìnhào / 신호 4. zì / 문자, 글자 **2** 1. 手机 2. 喂 3. 短信
4. 打 **3** 1. ③ 2. ② 3. ④ 4. ①

숫자와 시간

🎧 MP3를 들어보세요

1
一
yī

2
二
èr

3
三
sān

4
四
sì

5
五
wǔ

6
六
liù

7
七
qī

8
八
bā

9
九
jiǔ

10
十
shí

11~19	11	12	13	14
	十一 shíyī	十二 shí'èr	十三 shísān	十四 shísì
15	16	17	18	19
十五 shíwǔ	十六 shíliù	十七 shíqī	十八 shíbā	十九 shíjiǔ

10단위	10	20	30	40
	十 shí	二十 èr shí	三十 sān shí	四十 sì shí
50	60	70	80	90
五十 wǔ shí	六十 liù shí	七十 qī shí	八十 bā shí	九十 jiǔ shí

100단위	100	200	300	400
	一百 yì bǎi	二百 èr bǎi / 两百 liǎng bǎi	三百 sān bǎi	四百 sì bǎi
500	600	700	800	900
五百 wǔ bǎi	六百 liù bǎi	七百 qī bǎi	八百 bā bǎi	九百 jiǔ bǎi

- 一千 yì qiān   1,000
- 一万 yí wàn   10,000
- 十万 shí wàn   100,000
- 百万 bǎi wàn   1,000,000
- 千万 qiān wàn   10,000,000

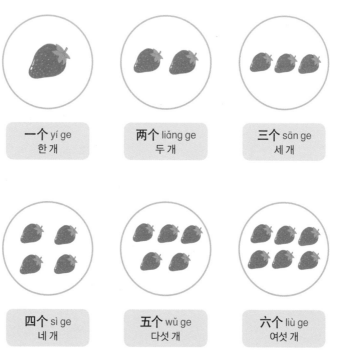

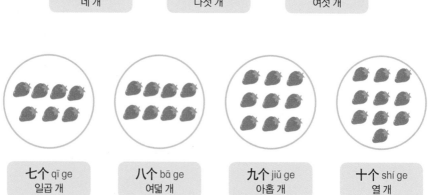

一个 yí ge
한 개

两个 liǎng ge
두 개

三个 sān ge
세 개

四个 sì ge
네 개

五个 wǔ ge
다섯 개

六个 liù ge
여섯 개

七个 qī ge
일곱 개

八个 bā ge
여덟 개

九个 jiǔ ge
아홉 개

十个 shí ge
열 개

(计)算 (jì)suàn	계산하다	奇数 jīshù	홀수
加 jiā	더하다	偶数 ǒushù	짝수
减 jiǎn	빼다	等于 děngyú	(수량이) ~와 같다
乘 chéng	곱하다	分数 fēnshù	분수
除 chú	나누다		

Tip 숫자 말하기

❶ '百'과 '千'은 '一'를 앞에 붙입니다. '十'도 앞에 자릿수가 있는 경우에는 '一'를 붙입니다.

　　1,112　　一千一百一十二　yì qiān yì bǎi yì shí èr

❷ 101, 1001과 같이 중간의 숫자가 '0'인 경우에는 '零'을 넣어 읽습니다. 그러나 '0'이 몇 개가 연속되더라도 한 번만 읽습니다.

　　1,001　　一千零一　yì qiān líng yī

❸ 110, 1100과 같이 끝자릿수가 '0'인 경우에는 마지막 단위 '十', '百' 등은 생략할 수 있습니다.

　　1,100　　一千一(百)　yì qiān yī (bǎi)

❹ '十' 앞에서는 '二'만 쓰고, 일반적으로 '百, 千, 万, 亿'이 수의 중간에 올 때는 '二'을, 첫머리에 올 때는 '两'을 씁니다. 단 '百'은 첫머리에 올 때 '二'을 쓸 수도 있습니다.

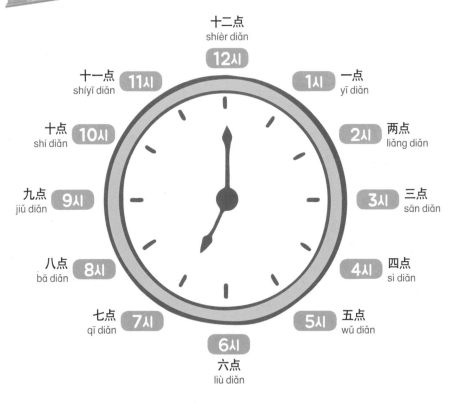

十二点
shíèr diǎn
12시

十一点 **11시**
shíyī diǎn

一点
yī diǎn
1시

十点 **10시**
shí diǎn

两点
2시 liǎng diǎn

九点 **9시**
jiǔ diǎn

三点
3시 sān diǎn

八点 **8시**
bā diǎn

四点
4시 sì diǎn

七点 **7시**
qī diǎn

五点
5시 wǔ diǎn

6시
六点
liù diǎn

15분 十五分 shíwǔ fēn / 一刻 yí kè

30분 三十分 sānshí fēn / 半 bàn

45분 四十五分 sìshíwǔ fēn / 三刻 sān kè

55분 五十五分 wǔshíwǔ fēn / 差五分 chà wǔ fēn

时间 shíjiān	시간	
点 diǎn	시	
分 fēn	분	
秒 miǎo	초	
几点 jǐ diǎn	몇 시	
几分 jǐ fēn	몇 분	
~个小时 ~ge xiǎoshí	~시간	

~分钟 ~fēnzhōng	~분간
现在 xiànzài	지금
按时 ànshí	제때에, 시간에 맞춰
早点儿 zǎo diǎnr	조금 일찍
晚点儿 wǎn diǎnr	조금 늦게

凌晨
língchén
새벽

早上
zǎoshang
아침

上午
shàngwǔ
오전

中午
zhōngwǔ
정오

白天
báitiān
낮

下午
xiàwǔ
오후

晚上
wǎnshang
저녁

夜 yè /
深夜 shēnyè
밤

방향과 위치

🎧 MP3를 들어보세요

上(边) shàng(bian)
위(쪽)

下(边) xià(bian)
아래(쪽)

右(边) yòu(bian)
오른쪽

左(边) zuǒ(bian)
왼쪽

前(边) qián(bian)
앞(쪽)

后(边) hòu(bian)
뒤(쪽)

플러스 단어

里(边) lǐ(bian)	안, 속	東西南北 dōngxī nánběi	동서남북
外(边) wài(bian)	바깥쪽	这儿 zhèr / 这里 zhèli	여기
旁边 pángbiān	옆	那儿 nàr / 那里 nàli	거기, 저기
附近 fùjìn	근처		
中间 zhōngjiān	중간	横 héng	가로
对面 duìmiàn	맞은편	纵 zòng	세로
东边 dōngbian	동쪽	斜 xié	기울다, 비스듬하다
西边 xībian	서쪽	角 jiǎo	모난 귀퉁이
南边 nánbian	남쪽		
北边 běibian	북쪽		

书店在哪儿?
Shūdiàn zài nǎr?
서점은 어디에 있나요?

书店就在那儿。
Shūdiàn jiùzài nàr.
서점은 바로 저기에 있어요.

1 다음 중국어의 병음과 뜻을 적어 보세요.

1 东边 _____ _____

2 西边 _____ _____

3 南边 _____ _____

4 北边 _____ _____

2 다음 단어를 중국어로 써 보세요.

1 위쪽 _____   2 아래쪽 _____

3 오른쪽 _____   4 왼쪽 _____

3 다음 중국어와 우리말의 뜻을 알맞게 연결해 보세요.

1 后边 ·   ① 앞쪽

2 这儿 ·   ② 거기, 저기

3 那儿 ·   ③ 여기

4 前边 ·   ④ 뒤쪽

---

1 1. dōngbian / 동쪽 2. xībian / 서쪽 3. nánbian / 남쪽 4. běibian / 북쪽 **2** 1. 上边 2. 下边 3. 右边
4. 左边 **3** 1. ④ 2. ③ 3. ② 4. ①

공부순서 □ MP3 듣기 ⇒ □ 단어 암기 ⇒ □ 예문 빈칸 채우기 ⇒ □ 단어암기 동영상

날짜

🎧 MP3를 들어보세요

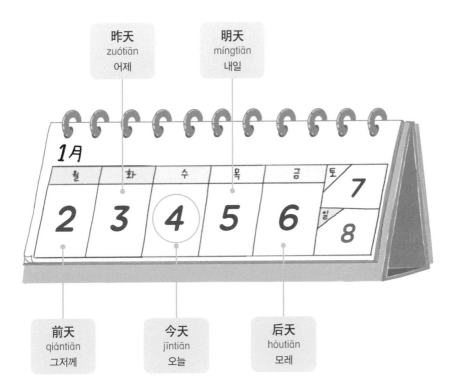

昨天
zuótiān
어제

明天
míngtiān
내일

前天
qiántiān
그저께

今天
jīntiān
오늘

后天
hòutiān
모레

1日	2日	3日	4日	5日
一号 yī hào	二号 èr hào	三号 sān hào	四号 sì hào	五号 wǔ hào

6日	7日	8日	9日	10日
六号 liù hào	七号 qī hào	八号 bā hào	九号 jiǔ hào	十号 shí hào

11日	12日	13日	14日	15日
十一号 shíyī hào	十二号 shí'èr hào	十三号 shísān hào	十四号 shísì hào	十五号 shíwǔ hào

16日	17日	18日	19日	20日
十六号 shíliù hào	十七号 shíqī hào	十八号 shíbā hào	十九号 shíjiǔ hào	二十号 èrshí hào

21日	22日	23日	24日	25日
二十一号 èrshíyī hào	二十二号 èrshí'èr hào	二十三号 èrshísān hào	二十四号 èrshísì hào	二十五号 èrshíwǔ hào

26日	27日	28日
二十六号 èrshíliù hào	二十七号 èrshíqī hào	二十八号 èrshíbā hào

29日	30日	31日
二十九号 èrshíjiǔ hào	三十号 sānshí hào	三十一号 sānshíyī hào

1~12월

1月	2月	3月	4月
一月 yī yuè	二月 èr yuè	三月 sān yuè	四月 sì yuè

5月	6月	7月	8月
五月 wǔ yuè	六月 liù yuè	七月 qī yuè	八月 bā yuè

9月	10月	11月	12月
九月 jiǔ yuè	十月 shí yuè	十一月 shíyī yuè	十二月 shí'èr yuè

요일

월	화	수	목	금	토	일
星期一 xīngqī yī	星期二 xīngqī èr	星期三 xīngqī sān	星期四 xīngqī sì	星期五 xīngqī wǔ	星期六 xīngqī liù	星期天 xīngqītiān / 星期日 xīngqīrì
礼拜一 lǐbài yī	礼拜二 lǐbài èr	礼拜三 lǐbài sān	礼拜四 lǐbài sì	礼拜五 lǐbài wǔ	礼拜六 lǐbài liù	礼拜天 lǐbàitiān
周一 zhōu yī	周二 zhōu èr	周三 zhōu sān	周四 zhōu sì	周五 zhōu wǔ	周六 zhōu liù	周日 zhōurì

前年 qiánnián	재작년	
去年 qùnián	작년	
今年 jīnnián	올해	
明年 míngnián	내년	
后年 hòunián	내후년	
上个月 shàngge yuè	지난달	
这个月 zhège yuè	이번 달	
下个月 xiàge yuè	다음달	
上(个)星期 shàng(ge) xīngqī	지난주	
这(个)星期 zhè(ge) xīngqī	이번주	
下(个)星期 xià(ge) xīngqī	다음 주	

前天 qiántiān	그저께
昨天 zuótiān	어제
今天 jīntiān	오늘
明天 míngtiān	내일
后天 hòutiān	모레
几月 jǐ yuè	몇 월
几号 jǐ hào	며칠
周末 zhōumò	주말
过去 guòqù	과거
现在 xiànzài	현재
未来 wèilái	미래

미니 테스트

단어 암기 동영상을 보면서 복습하세요

1 다음 중국어의 병음과 뜻을 적어 보세요.

1 今天 _____ _____

2 后年 _____ _____

3 这星期 _____ _____

4 周三 _____ _____

2 다음 단어를 중국어로 써 보세요.

1 주말 _____   2 현재 _____

3 어제 _____   4 작년 _____

3 다음 중국어와 우리말의 뜻을 알맞게 연결해 보세요.

1 过去 ·   ① 재작년

2 几号 ·   ② 과거

3 前年 ·   ③ 며칠

4 未来 ·   ④ 미래

---

1 1. jīntiān / 오늘   2. hòunián / 내후년   3. zhè xīngqī / 이번 주   4. zhōu sān / 수요일   **2** 1. 周末   2. 现在
3. 昨天   4. 去年   **3** 1. ②   2. ③   3. ①   4. ④

일상생활 필수 동사

🎧 MP3를 들어보세요

走 zǒu
걷다

说 shuō
말하다

坐 zuò
앉다

看 kàn
보다

给 gěi
주다

开 kāi
열다

493 ☐☐☐	**做** zuò	하다 HSK 1	🖉 菜。 Zuò cài. 음식을 하다.
494 ☐☐☐	**去** qù	가다 HSK 1	学校。 Qù xuéxiào. 학교에 가다.
495 ☐☐☐	**来** lái	오다 HSK 1	韩国。 Lái Hánguó. 한국에 오다.
496 ☐☐☐	**看** kàn	보다 HSK 1	电视。 Kàn diànshì. 텔레비전을 보다.
497 ☐☐☐	**说** shuō	말하다 HSK 1	汉语。 Shuō Hànyǔ. 중국어를 말하다.
498 ☐☐☐	**听** tīng	듣다 HSK 1	音乐。 Tīng yīnyuè. 음악을 듣다.
499 ☐☐☐	**写** xiě	쓰다 HSK 1	信。 Xiě xìn. 편지를 쓰다.

500

□
□
□

读
dú

읽다,
낭독하다

HSK 1

✎ 课文。

Dú kèwén.

본문을 소리 내어 읽다.

501

□
□
□

问
wèn

묻다

HSK 2

老师一个问题。

Wèn lǎoshī yí ge wèntí.

선생님께 하나 질문하다.

502

□
□
□

教
jiāo

가르치다

HSK 3

我们英语。

Jiāo wǒmen Yīngyǔ.

우리에게 영어를 가르치다.

503

□
□
□

学
xué

배우다

汉语。

Xué Hànyǔ.

중국어를 배우다.

504

□
□
□

跑
pǎo

달리다

得很快。

Pǎo de hěn kuài.

빨리 달린다.

505

□
□
□

走
zǒu

걷다

HSK 2

着去。

Zǒu zhe qù.

걸어서 가다.

506

□
□
□

站
zhàn

서다

HSK 3

在前面。

Zhàn zài qiánmiàn.

앞쪽에 서다.

| 507 ☐ ☐ ☐ | **坐**
zuò

HSK 1 | 앉다 | _✎_ 着看书。
Zuò zhe kànshū.
앉아서 책을 본다. |

---

507 ☐☐☐ **坐** zuò / 앉다 / HSK 1

_✎_ 着看书。
Zuò zhe kànshū.
앉아서 책을 본다.

---

508 ☐☐☐ **等** děng / 기다리다 / HSK 2

一会儿。
Děng yíhuìr.
잠시 기다리다.

---

509 ☐☐☐ **穿** chuān / 입다 / HSK 2

衣服。
Chuān yīfu.
옷을 입다.

---

510 ☐☐☐ **开** kāi / 열다 / HSK 1

门。
Kāi mén.
문을 열다.

---

511 ☐☐☐ **关** guān / 닫다 / HSK 3

门。
Guān mén.
문을 닫다.

---

512 ☐☐☐ **进** jìn / 들어가다 / HSK 2

公司。
Jìn gōngsī.
회사에 들어가다.

---

513 ☐☐☐ **放** fàng / 넣다, 놓다 / HSK 3

糖。
Fàng táng.
설탕을 넣다.

514 ☐☐☐	**给** gěi	주다	HSK 2

🖊 你。
Gěi nǐ.
너한테 주다.

515 ☐☐☐	**接** jiē	받다	HSK 3

电话。
Jiē diànhuà.
전화를 받다.

516 ☐☐☐	**买** mǎi	사다	HSK 1

东西。
Mǎi dōngxi.
물건을 사다.

517 ☐☐☐	**卖** mài	팔다	HSK 2

手机。
Mài shǒujī.
핸드폰을 팔다.

518 ☐☐☐	**借** jiè	빌리다	HSK 3

一本书。
Jiè yì běn shū.
책 한 권 빌리다.

519 ☐☐☐	**出** chū	나가다, 나오다	HSK 2

院。
Chū yuàn.
퇴원하다.

520 ☐☐☐	**回** huí	돌아오다	HSK 1

家。
Huí jiā.
집에 돌아오다.

미니 테스트

단어 암기 동영상을 보면서 복습하세요

1 빈칸에 들어갈 중국어를 적어 보세요.

1 중국어를 배우다. _____ 汉语。

2 텔레비전을 보다. _____ 电视。

3 문을 열다. _____ 门。

4 집에 돌아오다. _____ 家。

2 다음 단어를 중국어로 써 보세요.

1 오다 _____   2 쓰다 _____

3 읽다, 낭독하다 _____   4 걷다 _____

3 다음 중국어와 우리말의 뜻을 알맞게 연결해 보세요.

1 教 ·　　　　　　　　① 사다

2 穿 ·　　　　　　　　② 달리다

3 跑 ·　　　　　　　　③ 입다

4 买 ·　　　　　　　　④ 가르치다

---

1 1. 学　2. 看　3. 开　4. 回　　**2** 1. 来　2. 写　3. 读　4. 走　　**3** 1. ④　2. ③　3. ②　4. ①

왕초보 형용사, 부사, 전치사

🎧 MP3를 들어보세요

大 dà 크다	↔	**小** xiǎo 작다

多 duō 많다	↔	**少** shǎo 적다

长 cháng 길다	↔	**短** duǎn 짧다

高 gāo 높다, (키가) 크다	↔	**矮** ǎi 낮다

521

□
□
□

好
hǎo

좋다

HSK 1

天气很 ✏️ 。
Tiānqì hěn hǎo.
날씨가 좋네.

522

□
□
□

贵
guì

비싸다

HSK 2

电脑很　　　　。
Diànnǎo hěn guì.
컴퓨터가 비싸다.

523

□
□
□

便宜
piányi

싸다

HSK 2

苹果很　　　　。
Píngguǒ hěn piányi.
사과가 싸네요.

524

□
□
□

快
kuài

빠르다

HSK 2

飞机很　　　　。
Fēijī hěn kuài.
비행기가 빨라.

525

□
□
□

慢
màn

늦다

HSK 2

速度很　　　　。
Sùdù hěn màn.
속도가 느려.

526

□
□
□

重
zhòng

무겁다

HSK 4

这个书包很　　　　。
Zhè ge shūbāo hěn zhòng.
이 책가방은 무거워.

527

□
□
□

轻
qīng

가볍다

HSK 4

那本书很　　　　。
Nà běn shū hěn qīng.
저 책은 가벼워.

528			
☐ ☐ ☐	**强** qiáng	강하다, 힘이 세다	他很 ✎ 。 Tā hěn qiáng. 그는 힘이 세.

529			
☐ ☐ ☐	**弱** ruò HSK 5	약하다	她很 。 Tā hěn ruò. 그녀는 연약해.

530			
☐ ☐ ☐	**高兴** gāoxìng HSK 1	기쁘다	认识你很 。 Rènshi nǐ hěn gāoxìng. 만나서 기뻐요.

531			
☐ ☐ ☐	**远** yuǎn HSK 2	멀다	离这儿很 。 Lí zhèr hěn yuǎn. 여기서 멀어요.

532			
☐ ☐ ☐	**近** jìn HSK 2	가깝다	离我家很 。 Lí wǒ jiā hěn jìn. 우리 집에서 가까워.

533			
☐ ☐ ☐	**容易** róngyì HSK 3	쉽다	这道题很 。 Zhè dào tí hěn róngyì. 이 문제는 쉬워.

534			
☐ ☐ ☐	**难** nán HSK 3	어렵다	听力很 。 Tīnglì hěn nán. 듣기가 어려워요.

535			
☐☐☐	**新** xīn	새롭다	HSK 2

买 ✏ 衣服。
Mǎi xīn yīfu.
새 옷을 사다.

536			
☐☐☐	**旧** jiù	오래되다	HSK 3

我的房子很 。
Wǒ de fángzi hěn jiù.
우리 집은 오래됐어.

537			
☐☐☐	**冷** lěng	춥다	HSK 1

冬天很 。
Dōngtiān hěn lěng.
겨울은 추워.

538			
☐☐☐	**热** rè	덥다	HSK 1

夏天很 。
Xiàtiān hěn rè.
여름은 덥다.

539			
☐☐☐	**暖和** nuǎnhuo	따뜻하다	HSK 4

今天很 。
Jīntiān hěn nuǎnhuo.
오늘은 아주 따뜻하다.

540			
☐☐☐	**凉快** liángkuai	시원하다	HSK 4

秋天很 。
Qiūtiān hěn liángkuai.
가을은 선선하다.

541			
☐☐☐	**粗** cū	굵다, 거칠다	

这棵树真 。
Zhè kē shù zhēn cū.
이 나무는 정말 굵다.

542

细
xì

가늘다

她的腿很 ✎ 。
Tā de tuǐ hěn xì.
그녀의 다리는 가늘다.

543

喜欢
xǐhuan

좋아하다

HSK 1

我 咖啡。
Wǒ xǐhuan kāfēi.
난 커피를 좋아해.

544

讨厌
tǎoyàn

싫어하다

HSK 4

我 蔬菜。
Wǒ tǎoyàn shūcài.
야채를 싫어해요.

545

干净
gānjìng

깨끗하다

HSK 3

他的房间很 。
Tā de fángjiān hěn gānjìng.
그의 방은 깨끗해.

546

脏
zāng

더럽다

HSK 4

这件衣服很 。
Zhè jiàn yīfu hěn zāng.
이 옷은 더러워.

547

忙
máng

바쁘다

HSK 2

我非常 。
Wǒ fēicháng máng.
나 아주 바빠.

548

累
lèi

피곤하다

HSK 2

我很 。
Wǒ hěn lèi.
나 피곤해.

很 hěn	매우	已经 yǐjīng	이미
非常 fēicháng	굉장히	再 zài	또, 다시
真 zhēn	진짜	又 yòu	또
太~了 tài~le	너무~하다	常常 chángcháng	자주
比较 bǐjiào	비교적	偶尔 ǒu'ěr	가끔
都 dōu	모두	有时候 yǒu shíhou	어떤 때에는
也 yě	~도	还 hái	아직
就 jiù	곧	不 bù	(현재 부정)
才 cái	겨우	没 méi	(과거 부정)

和 hé	~와/과	跟 gēn	~에게, ~를 향해, ~와
比 bǐ	~보다, ~에 비해	为 wèi	~에게, ~를 위해, ~ 때문에
从 cóng	~부터, ~로	为了 wèile	~를 위해(목적)
对 duì	~에게, ~을 향해, ~에 대해	按照 ànzhào	~에 따라, ~에 근거하여
离 lí	~에서, ~로부터	连 lián	~조차도, ~까지도
向 xiàng	~로, ~를 향해	通过 tōngguò	~를 통해, ~를 거쳐
把 bǎ	~를	往 wǎng	~쪽으로
被 bèi	~에게 당하다	以 yǐ	~를 가지고, ~대로
除了 chúle	~를 제외하고, ~외에 또	由 yóu	~에게, ~가, ~에 의해서, ~에서
关于 guānyú	~에 관해	由于 yóuyú	~로 인해, ~ 때문에

미니 테스트

단어 암기 동영상을 보면서 복습하세요

1 다음 문장의 중국어와 병음을 적어 보세요.

1 날씨가 좋네.　　天气很_____。

2 여기서 멀어요.　　离这儿很_____。

3 새 옷을 사다.　　买_____衣服。

4 나 아주 바빠.　　我非常_____。

2 다음 단어를 중국어로 써 보세요.

1 무겁다 _____

2 가볍다 _____

3 깨끗하다 _____

4 더럽다 _____

3 다음 중국어와 우리말의 뜻을 알맞게 연결해 보세요.

1 喜欢　·　　　　　① 오래되다

2 讨厌　·　　　　　② 피곤하다

3 旧　　·　　　　　③ 싫어하다

4 累　　·　　　　　④ 좋아하다

1 1.好　2.远　3.新　4.忙　　**2** 1.重　2.轻　3.干净　4.脏　　**3** 1.④　2.③　3.①　4.②

왕초보 양사, 조동사, 접속사

🎧 MP3를 들어보세요

一个人 yí ge rén
한 사람

两个苹果 liǎng ge píngguǒ
사과 두 개

一本书 yì běn shū
책 한 권

一只狗 yì zhī gǒu
개 한 마리

两张纸 liǎng zhāng zhǐ
종이 두 장

一杯咖啡 yì bēi kāfēi
커피 한 잔

549
☐
☐ **个**
☐ ge

~명, ~개

HSK 1

一个人 yí ge rén   한 사람
两个苹果 liǎng ge píngguǒ   사과 두 개

550
☐
☐ **本**
☐ běn

~권

HSK 1

一本书 yì běn shū   책 한 권
两本杂志 liǎng běn zázhì   잡지 두 권

551
☐
☐ **位**
☐ wèi

~분

HSK 3

一位老师 yí wèi lǎoshī   선생님 한 분
两位客人 liǎng wèi kèrén   손님 두 분

552
☐
☐ **只**
☐ zhī

~마리

HSK 3

一只狗 yì zhī gǒu   개 한 마리
两只鸟 liǎng zhī niǎo   새 두 마리

553
☐
☐ **张**
☐ zhāng

~장

HSK 3

一张纸 yì zhāng zhǐ   종이 한 장
两张票 liǎng zhāng piào   표 두 장

554
☐
☐ **件**
☐ jiàn

~벌, ~건

HSK 2

一件衣服 yí jiàn yīfu   옷 한 벌
两件大衣 liǎng jiàn dàyī   외투 두 벌

555
☐
☐ **杯**
☐ bēi

~잔

一杯水 yì bēi shuǐ   물 한 잔
两杯咖啡 liǎng bēi kāfēi   커피 두 잔

556
☐
☐
☐
次
cì

~번

HSK 2

我去过三 ✎ 中国。
Wǒ qù guo sān cì Zhōngguó.
나는 중국에 세 번 갔었어.

557
☐
☐
☐
遍
biàn

~차례

HSK 4

这本小说我看了两 。
Zhè běn xiǎoshuō wǒ kàn le liǎng biàn.
이 소설을 나는 두 차례 봤어요.

⭐ 왕초보 필수 조동사

558
☐
☐
☐
得
děi

마땅히
~해야 한다

HSK 4

你 澄清事实。
Nǐ děi chéngqīng shìshí.
너는 마땅히 사실을 밝혀야 해.

559
☐
☐
☐
敢
gǎn

감히 ~하다

HSK 3

不 相信，你会说这样的话。
Bù gǎn xiāngxìn, nǐ huì shuō zhèyàng de huà.
당신이 이런 말을 하다니 믿을 수 없어요.

560
☐
☐
☐
会
huì

~할 줄 알다,
~할 수 있다

HSK 1

他 游泳。
Tā huì yóuyǒng.
그는 수영할 줄 알아요.

561
☐
☐
☐
可能
kěnéng

아마
~일지도 모른다

HSK 2

这件事 这周就能完成。
Zhè jiàn shì kěnéng zhè zhōu jiù néng wánchéng.
이 일은 아마 이번 주에 끝낼 수 있을 거야.

562

可以
kěyǐ

~할 수 있다,
~해도 된다

HSK 2

你  回家。
Nǐ kěyǐ huíjiā.
너는 집에 가도 돼.

563

能
néng

~할 수 있다

HSK 1

你　　　帮我忙吗?
Nǐ néng bāng wǒ máng ma?
날 도와줄 수 있니?

564

要
yào

~할 것이다,
마땅히 ~해야 한다

HSK 2

我　　　休息两天。
Wǒ yào xiūxi liǎng tiān.
나는 이틀 쉬려고 해.

565

应该
yīnggāi

마땅히 ~해야 한다

HSK 3

我们　　　爱护公共财产。
Wǒmen yīnggāi àihù gōnggòng cáichǎn.
우리는 마땅히 공공 재산을 보호해야 한다.

但是 dànshì	하지만	而 ér	~하고(순접), ~지만(역접)
所以 suǒyǐ	그래서	否则 fǒuzé	만약 그렇지 않으면
因为 yīnwèi	왜냐하면	即使 jíshǐ	설사~하더라도
而且 érqiě	게다가, 뿐만 아니라	既然 jìrán	기왕 이렇게 된 이상
或者 huòzhě	~이거나, ~든지	可是 kěshì	그러나, 하지만
如果 rúguǒ	만일, 만약	然而 rán'ér	그러나, 그런데
虽然 suīrán	비록~하지만	无论 wúlùn	~에도 불구하고
并且 bìngqiě	또한, 동시에	因此 yīncǐ	그래서, 그러므로
不但 búdàn	~뿐만 아니라	于是 yúshì	그리하여, 그래서
不过 búguò	그런데, 그러나	与 yǔ	~와
不仅 bùjǐn	~뿐만 아니라	只要 zhǐyào	오직~라면

미니 테스트

1 다음 중국어의 병음과 뜻을 적어 보세요.

1 可是 _____ _____

2 次 _____ _____

3 能 _____ _____

4 张 _____ _____

2 다음 단어를 중국어로 써 보세요.

1 ~권 _____ 2 ~명, ~개 _____

3 ~잔 _____ 4 ~마리 _____

3 다음 중국어와 우리말의 뜻을 알맞게 연결해 보세요.

1 应该 ·   · ① ~할 줄 알다, ~할 수 있다

2 可能 ·   · ② ~분

3 位 ·   · ③ 마땅히 ~해야 한다

4 会 ·   · ④ 아마 ~일지도 모른다

---

1 1. kěshì / 그러나, 하지만 2. cì / ~번 3. néng / ~할 수 있다 4. zhāng / ~장 **2** 1. 本 2. 个 3. 杯 4. 只
3 1. ③ 2. ④ 3. ② 4. ①

Day 30

공부순서 ☐ MP3 듣기 ➡ ☐ 단어 암기 ➡ ☐ 예문 빈칸 채우기 ➡ ☐ 단어암기 동영상

왕초보 대명사, 의문사

🎧 MP3를 들어보세요

 **인칭 대명사**

	1인칭	2인칭	3인칭	3인칭	3인칭
단수형	我 wǒ 나	你 / 您 nǐ / nín 너 / 당신	他 tā 그	她 tā 그녀	它 tā 그것
복수형	我们 / 咱们 wǒmen / zánmen 우리들	你们 nǐmen 너희들	他们 tāmen 그들	她们 tāmen 그녀들	它们 tāmen 그것들

566

☐
☐
☐

我
wǒ

나, 저

HSK 1

🖊 　爱你。
Wǒ ài nǐ.
나는 널 사랑해.

567

☐
☐
☐

我们
wǒmen

우리

HSK 1

　　　非常想念你。
Wǒmen fēicháng xiǎngniàn nǐ.
우리는 널 몹시 그리워해.

568

☐
☐
☐

你
nǐ

너, 자네,
당신

HSK 1

我有事跟　　商量。
Wǒ yǒu shì gēn nǐ shāngliang.
나 너랑 상의할 일이 있어.

569

☐
☐
☐

您
nín

당신, 귀하

HSK 2

见到　　很荣幸。
Jiàndào nín hěn róngxìng.
당신을 만나게 되어 영광입니다.

570

☐
☐
☐

他
tā

그, 그 사람

HSK 1

　　是我朋友。
Tā shì wǒ péngyou.
그는 제 친구예요.

571

☐
☐
☐

她
tā

그녀

HSK 1

　　是我姐姐。
Tā shì wǒ jiějie.
그녀는 저희 언니예요.

572

☐
☐
☐

它
tā

그, 저,
그것, 저것

HSK 2

小狗不知道　　的处境。
Xiǎogǒu bù zhīdào tā de chǔjìng.
강아지는 자신이 처한 상황을 모른다.

573

☐
☐ 这
☐ zhè

이, 이것

✏️ 不是我的。
Zhè búshì wǒ de.
이건 내 것이 아니다.

574

☐
☐ 这儿
☐ zhèr

이곳, 여기

我坐 吧。
Wǒ zuò zhèr ba.
나는 여기 앉을게.

575

☐
☐ 那
☐ nà

저, 저것

是什么?
Nà shì shénme?
저게 뭐야?

576

☐
☐ 那儿
☐ nàr

그곳, 거기

从这儿到 。
Cóng zhèr dào nàr.
여기부터 저기까지.

577

☐
☐ 每
☐ měi

매 ~,
~마다

我 天都锻炼身体。
Wǒ měitiān dōu duànliàn shēntǐ.
나는 매일 운동을 해.

578

☐
☐ 大家
☐ dàjiā

여러분,
모두

都喜欢她。
Dàjiā dōu xǐhuan tā.
모두가 그녀를 좋아해요.

579

☐
☐ 自己
☐ zìjǐ

자신, 자기

我对 很有信心。
Wǒ duì zìjǐ hěn yǒu xìnxīn.
나는 내 자신에 대해 믿음이 있다.

단어 암기 동영상을
보면서 복습하세요

580
☐
☐ **谁** 누구
☐ shéi

HSK 1

这是 ⟋⟍ 的书?
Zhè shì shéi de shū?
이건 누구 책이에요?

581
☐
☐ **什么时候** 언제
☐ shénme shíhou

你 　　　　　 上班?
Nǐ shénme shíhou shàngbān?
당신은 언제 출근해요?

582
☐
☐ **哪儿** 어디
☐ nǎr

HSK 1

李先生在 　　　　 ?
Lǐ xiānsheng zài nǎr?
이 선생님은 어디에 계세요?

583
☐
☐ **什么** 무엇
☐ shénme

HSK 1

你在干 　　　　 呢?
Nǐ zài gàn shénme ne?
지금 뭐 하고 있어요?

584
☐
☐ **怎么** 어떻게
☐ zěnme

HSK 1

　　　　 走?
Zěnme zǒu?
어떻게 가죠?

585
☐
☐ **为什么** 왜
☐ wèishénme

HSK 2

　　　　 哭?
Wèishénme kū?
왜 울어?

586
☐
☐ **几** 몇
☐ jǐ (10 이하의 작은 수)

HSK 1

你要坐 　　　 路车?
Nǐ yào zuò jǐ lù chē?
몇 번 버스를 타려고 하죠?

스피드 인덱스